KB183232

삶은 당신의 표정을 닮아간다

삶은 당신의 표정을 닮아간다

어려운 시기에

(유쾌하게)

산다는 것에 대하여

Über die Heiterkeit
in schwierigen Zeiten und die Frage,
wie wichtig uns der Ernst
des Lebens sein sollte

악셀 하케 지음 | 양혜영 옮김

디양
초랑

차례

1

저는 유쾌한 사람이
되고 싶습니다

누구나 마찬가지일 겁니다.

삶을 버겁게 느끼고 싶지 않겠죠.

하지만 때로는 그렇게 하기가 어렵습니다.

이상한 일이 벌어진 건 바로 그때였습니다.

새로운 기사를 어떻게 쓸지 고심하며 4층 사무실로 향하는 계단을 오르던 아침 출근길이었습니다. 층계참에서 방향을 바꿔 다시 계단을 오르려는 순간, 갑자기 머리가 하얗게 되는 느낌이 들었습니다. 어떤 기사를 쓰려 했는지 기억나지 않았습니다.

너무 당황해서 저에게 무슨 문제가 있는 건 아닌지 두려움부터 앞섰습니다. 뇌졸중이나 치매, 알츠하이머 같은 병이면 어쩌나 싶었습니다. 제 이름과 생일, 아버지가 좋아하시는 음식, 자동차 주행거리 그리고 제가 응원하는 축구팀의 현재 순위까지 혼자 중얼거렸습니다. 전부 다 정확하게 기억해 냈습니다. 단지… 제가 생각하던 게 그게 아니었어요.

몇 주 전 오랫동안 함께 일한 친구가 친근한 목소리로 전화했습니다. 저는 그의 목소리에서 무언가 조심스레 부탁할 일이 있다는 것을 바로 알아챘습니다. 꼼꼼하게 준비하고 까다롭게 신경 써야 하는 일 같았지만 묘하게 다급한 듯해서 거절하기 어렵겠다는 마음도 들었죠. 그는 장문의 기사를 빠르게 작성할 수 있는지 제게 물었습니다.

유명 잡지사에서 일하는 그 친구는 제가 시간이 없을지도 모르겠다고 재차 말했습니다. 저는 그 일을 맡지 않을 수도 있었습니다. 그는 지금 제가 어떤 생각을 하는지 알 정도로 저와 친분이 깊습니다. 해낼 수 없을 것 같은 작업을 떠안는 두려움과 기사 주제를 제대로 다루지 못할 수도 있다는 걱정, 그럼에도 안 된다고 거절하지 못하는 저의 성격까지 그는 다 알고 있습니다. 솔직히 말해서 그는 편집자로서 어느 정도 계산했겠지만, 친구로서는 그렇게 생각하지 않았을 것입니다.

어쨌거나 그는 기사 주제에 대해 간략하게 설명하고 싶어 했고 그렇게 했죠. 저는 망설임 없이 쓰겠다고 수락했습니다. 요즘 제가 생각하는 것들과 관계가 깊은 주제여서 반드시 쓰겠다고 마음먹었습니다.

분명 어떤 개념이었는데, 저는 계단을 오르며 생각했습니다. 특정 단어였죠. 하지만 단어가 있어야 할 자리에 구멍이 나 있었어요. 단어를 찾아내려 할수록, 생각과 에너지를 쏟을수록 구멍은 점점 더 커져만 갔습니다.

이내 화산 분화구처럼 커지더니 찾고 싶었던 단어가 그 속으로 사라져 버렸습니다. 그와 함께 제 삶 전체가 심연으로 빠져들 것 같은 두려움에 사로잡히기 시작했습니다.

3층에서 4층으로 오르자마자 사무실 문을 열고 책상으로 달려가 머릿속에서 사라진 주제에 대해 지난 며칠 동안 끄적거렸던 커다란 공책을 펼쳤습니다. 공책 속 글자가 저를 보고 웃네요. 바로 이 단어입니다.

'유쾌함', 얼마나 멋진 말인가요!

그러고는 제게 도대체 무슨 일이 있었던 건지 곰곰이 생각해 봤습니다. 지난 2년 동안 힘든 시간을 보냈더군요. 가족들이 질병과 사고로 고통을 겪었습니다. 친척 두 명이 세상과 이별했고, 가족 중 한 명은 사고로 심하게 다쳤죠. 전염병과 그로 인한 수많은 어려움도 겪었죠. 단기간에 책 두 권을 써냈고 매주 한 편씩 칼럼도 기고했습니다. 지난 10여 개월 동안에는 휴가도 주말도 없이 일했어요. 출장도 잦았고 걱정도 많았습니다. 현기증이 나네요.

이제 이 책도 써야 합니다. 얼핏 가볍고 느슨해 보이지만 실제로는 제 삶과 일의 근본적 인식을 담은 주제라 다양한 철학책을 읽고 검토해야 합니다. 그리고 또…. 뇌가 스트레스로 작동을 멈췄다는 생각이 드네요. 두려움이 밀려옵니다. 너무 진지하게 대하지 말고 조금 여유롭게 생각해야 한다고 마음을 고쳐먹습니다. 단지 기사 한 편을 쓰는 것이라고 말이죠. 최고의 기사가 아니라도 상관없습니다. 제 삶은 그런 기사로 만들어지는 게 아니니까요.

밖으로 나와 사무실 남쪽의 유서 깊은 공원묘지를 거닐었습니다. 그곳의 묘비는 거의 관리되지 않아 담쟁이덩굴로 덮였거나 심하게 풍화되어 알아보기 어려웠습니다. 묘비의 주인은 교수, 양조장 주인의 아내, 제국주의 시절 무역상의 딸, 화가, 속기사, 산악회장처럼 19세기를 살아간 사람들로, 이곳은 당대 도시의 중앙 공원묘지였습니다.

바이에른 보병 연대를 지휘한 사령관의 성이 앙스트부름Angstwurm(겁쟁이라는 뜻―옮긴이), 전체 이름을 말하자면 테오도어 리터 폰 앙스트부름Theodor Ritter von Angstwurm이라는 사실에 웃음이 나왔어요.

저는 벤치에 앉아서 괜찮다고, 어떤 것도 중요하지 않

12

다고 생각하고 또 생각했습니다. 무엇보다 써야 할 글은 그다지 중요하지 않다고 마음을 다독였어요. 저는 기꺼이 마음 가는 대로 말과 생각의 최전선에 나서겠다고 생각했습니다. 마치 앙스트부름 사령관이 병사들을 전투로 이끌었던 것처럼…. 아니, 이건 아닙니다! 그냥 써야겠습니다.

사무실로 돌아와 다시 일했습니다. 글이 풀리기 시작했고 기사 작성을 끝냈습니다. 그러고도 계속 글을 썼습니다. 앞서 말했듯이 주제가 저 자신이나 제 삶에도, 어쩌면 주변 사람들의 삶에도, 그리고 동시대를 함께 살아가는 모두에게도 중요해 보였기 때문입니다.

유쾌함이라는 단어를 들으면 언제나 제가 가볍게 떠다니며 일상을 유쾌하고 차분하고 편하게 보내는 사람이 되면 정말 좋겠다는 생각이 가장 먼저 떠오릅니다. 그렇게 살아가는 사람을 만날 때면 질투까지 납니다. 두 번째로 떠오르는 것은 어렸을 때 본 인기 텔레비전 프로그램입니다. 제목은 '저는 무엇을 하는 사람일까요? 유쾌한 직업 알아맞히기Was bin ich? Ein heiteres Beruferaten'입니다.

이 프로그램은 일종의 퀴즈쇼로, 네 명의 고정 패널이 매번 새롭게 등장하는 초대 손님 세 명의 직업을 알아맞히는 내용입니다. 로베르트 렘커Robert Lembke(독일의 유명 텔레비전 진행자—옮긴이)가 사회를 보며 초대 손님을 맞이하죠. 초대 손님은 우선 자신의 이름을 적고 자영업자인지 직장인인지 밝힌 다음 자리에 앉습니다. 그러면 렘커는 종을 치고 초대 손님의 직업을 보여주죠. 물론 시청자만 볼 수 있습니다. 직업은 정말 다양했어요. 미용사는 물론 주부도 있었고, '바나나 냄새 감식가'라고 불리는 별난 직업도 있었던 것이 분명히 기억납니다. 그는 냄새로 바나나가 얼마나 익었는지 알아낼 수 있었고 또한 반드시 알아내야만 했습니다. 바나나 출고량이 그의 판단에 크게 좌우되기 때문이에요.

다음으로는 직업상 하는 손짓을 보여줍니다. 그 직업군에서는 흔한 손짓이지만 일반인이 보기에는 추측하기 어려운 동작입니다. 제가 일하면서 습관적으로 하는 손짓은 무엇인지 정말 자주 생각해요. 양손을 머리 뒤로 깍지 끼고 천장을 바라보는 이 행위는 그야말로 희망 가득한 움직임이라는 결론을 내렸습니다. 그렇게 하면 가끔 기적처럼 생각이 수면 위로 올라옵니다.

물론 언제나 그런 것은 아니지만요.

이후 사회자가 초대 손님에게 질문을 던집니다. "어떤 돼지 저금통을 선택하시겠습니까?" 초대 손님은 사용할 수 있는 돼지 저금통을 하나 고릅니다. 그러면 질문이 시작되죠. 질문은 주로 다음과 같습니다. "제품을 생산하십니까? 아니면 유통하십니까?" "제가 당신이 일하는 곳으로 찾아가도 됩니까? 아니면 당신이 저에게 서비스를 제공하러 오십니까?"

대답이 '네'라면 질문을 계속할 수 있습니다. 하지만 '아니요'라면 기회는 다음으로 넘어갑니다. 렘커가 5마르크 동전을 돼지 저금통에 넣고 오답을 표시하는 번호판의 숫자가 올라가죠. 오답이 열 번 나오면 게임은 끝납니다. 그러니 오답이 열 번 나오기 전에 직업을 맞혀야 하죠. 이 모든 과정이 어떤 억지스러운 설정 없이 자연스럽게 펼쳐지고, 이렇게 프로그램은 진행됩니다.

마지막으로 패널들은 안대를 착용합니다. 유명인이 등장하고 그가 누군지 맞혀야 하죠. 목소리로 식별할 수도 있기에 유명인은 한마디도 할 수 없습니다. 그는 사회자에게 고개를 끄덕이거나 가로젓는 방식으로 대답할 수 있죠.

인기가 가장 높았을 때 이 퀴즈쇼는 시청률 75퍼센트를 기록했습니다. 이 프로그램은 유쾌했어요. 제가 이야기하고자 하는 것이 바로 그 유쾌함입니다. 깊은 관심을 두고 있는 개념이죠.

저는 유쾌한 사람이 되고 싶습니다. 가끔 유쾌하지만 자주 그렇지는 않죠. 어떤 날은 일이 잘 풀리고 가볍게 붕 뜬 기분이 들기도 하지만, 그렇지 않은 날도 있죠. 기분이 가라앉는 날이 확실히 점점 많아집니다. 특히 지난 몇 년 동안 우리에게 그런 날이 더 많아지지 않던가요? 안타깝습니다. 좀 더 유쾌해지면 좋을 텐데 말입니다.

진부하기 그지없죠. 아마 누구나 마찬가지일 겁니다. 삶을 버겁게 느끼고 싶지 않겠죠. 하지만 때로는 그렇게 하기가 어렵습니다. 친구가 아프고 친척이 세상을 떠나고 돈 때문에 걱정하고 미래가 두렵기도 합니다. 세상을 강타했던 전염병의 여파는 여기저기서 확인됩니다. 여름은 점점 더워지고 가뭄은 심해지면서 폭우도 무섭게 쏟아졌습니다. 그리고 전쟁이 일어났습니다. 도대체 앞으로 어떻게 되려는 걸까요? 그래도 저는 유쾌한 사람이 되고 싶습니다. 이러한 이유들 때문에 더욱 그렇습니다.

그렇다면 유쾌한 사람은 어떤 사람일까요? 우리에게 어떤 의미로 다가올까요? 저에게는 무슨 뜻일까요? 유쾌한 사람은 어떻게 되나요? 유쾌한 사람이 될 수는 있을까요? 그렇다면, 무엇을 해야 할까요? 저는 도대체 왜 글을 쓰는 걸까요? 제가 무엇을 할 수 있을까요? 그렇게 되지 못한 심리적

장벽의 실체는 무엇일까요? 그 많은 시간 동안 저는 도대체 무엇을 했을까요?

저에게 유쾌함이라는 개념이 낯설지는 않습니다. 유쾌함이 무엇인지 많이 겪어서 알고 있죠. 구체적으로 말하자면 저는 저의 글과 일로 기분 좋은 순간이 많았습니다. 일화를 하나 꺼내보죠.

1995년 K 씨 부부가 저에게 편지를 보냈습니다. 당시 혼인 신고를 하기 위해 법원 등기소에서 대기 중이었던 그들은 기다리는 동안 《쥐트도이체 차이퉁 마가친Süddeutsche Zeitung Magazin》에 실린 제 칼럼을 읽었습니다. '오늘 우리는 결혼을 배웁니다Wir lernen heute: Heiraten'라는 제목이 그들의 흥미를 끌었던 거죠.

그들은 이 놀라운 우연의 일치를 저에게 항상 알려주고 싶었다고 적었습니다. 그러면서 한 가지 우연을 더 이야기했습니다. 어느 날 식기세척기가 고장 났습니다. 그런데 정확히 그날 제 칼럼 중에 어떤 내용이 있었을까요? 제 고장 난 식기세척기에 관한 이야기가 있었어요! K 씨 부부는 이건 우연일 수가 없다면서 "작가님의 칼럼과 저희 부부의 삶 사이에 신비로운 연결고리가 있는 것 같아요."라고 썼습니다.

이런 상황에 그들은 유쾌해졌죠.

　다른 독자들의 반응도 있습니다. K 씨는 제가 한 달에 한 번 보내는 신문 구독자를 위한 감사 편지를 퇴근할 때 읽는데 "거의 예외 없이 유쾌하게 전달되는 유익한 내용"이라고 소감을 보냈습니다. L 씨는 "몇 번이고 응원의 글을 써주셔서 감사하다"라고 편지를 보내주셨습니다. F 씨는 "작가님의 글을 읽고 고개를 끄덕이며 공감하고, 미소 짓고, 깔깔거리거나 호탕하게 웃어서 삶이 조금 더 밝고 행복해졌습니다. 감사합니다!"라고 적어주셨습니다.

　라이프치히에서 열린 작가와의 만남에서 한 여성 독자가 들려준, 그가 코로나에 걸려 대학교 기숙사의 작은 방에 격리된 이야기를 해볼까요? 친구와 함께 살던 그는 코로나에 걸려 책상과 의자, 작은 옷장, 침대만 있는 약 3평 남짓한 방에 격리되었습니다. 그의 친구는 바로 옆방에 머물렀는데요. 어느 날 저녁 얇은 벽 너머로 우는 소리가 들려왔다고 했습니다. 친구의 울음소리에 마음이 아프고 힘들었던 그는 저의 그림 동화책 『곰 인형 일요일Ein Bär namens Sonntag』을 들고 복도에 앉아 닫힌 친구의 방문 앞에서 큰 소리로 읽었습니다. 그렇게 두어 페이지를 읽자 친구가 울음을 그쳤다고 했습니다.

저 자신은 그리 유쾌한 사람이 아닌데 어떻게 수십 년 동안 다른 사람들을 유쾌하게 응원하는 글을 써왔을까요? 이 모든 일을 어떻게 해냈을까요? 그리고 저는 과연 무엇을 했던 것일까요? 정말 궁금하고 무척이나 관심이 생깁니다.

생각해 보면 '유쾌함'이라는 개념은 막연하지 않은가요? 유쾌라는 단어가 이토록 다양한 상황에 사용된다는 점이 이상하기도 합니다. 이러한 이유로 본연의 어감이 상당히 사라지고 다른 의미가 너무 많이 생겨서 유쾌함이라는 개념이 사실상 무의미해졌을까요?

알코올 의존자는 독일 남부의 풍경만큼 유쾌할 수 있습니다. 재미난 농담을 하는 사람들은 로베르트 게른하르트 Robert Gernhardt의 시나 장자크 상페 Jean-Jacques Sempé의 삽화만큼 유쾌합니다. 유쾌함이라는 개념은 서커스 광대이고, 하나의 문화 현상이자, 기상학자의 직업 용어로 말하자면 겨우 4분의 1만 구름으로 덮인 파란 하늘이며, 또한 웃는 사람이라고도 말할 수 있습니다. 유쾌함은 언제나 좋은 기분이기도 하고 어린 시절 같은 반 친구가 쓴 시 한 편이기도 합니다.

해시계처럼 해보자.

유쾌한 시간을 세어보자.

하지만 동시에 푸틴Vladimir Putin은 유쾌한 분위기로 살인과 집단 학살을 명령하고 게르하르트 슈뢰더Gerhard Schröder(독일의 정치인—옮긴이)와 다정한 표정을 연출하는 교묘한 속물의 모습을 보이지 않았습니까? 한때 괴링Hermann Goering(나치 친위대 지휘관이자 독일 비밀경찰 게슈타포 창설자—옮긴이)의 푸짐한 웃음도 눈 깜짝할 사이에 파괴적인 잔인함으로 변할 수 있는 비열한 상냥함의 전형으로 간주되지 않았습니까?

"떠나가거라, 유쾌한 살인자여!" 토마스 만Thomas Mann은 자살 시도 후에 이렇게 쓰기도 했습니다. 아이러니하게도 토마스 만은 괴테Johann Wolfgang von Goethe와 함께 독일에서 가장 유쾌한 작가 중 한 명으로 꼽히죠. 프리드리히 실러Friedrich von Schiller는 『발렌슈타인Wallenstein』에서 인생은 진지하고 예술은 유쾌하다는 명문장을 남겼습니다. 삶을 스스로 마감한 극작가 클라이스트Heinrich von Kleist는 유쾌함의 대명사라 불렸으며, 니체Friedrich Nietzsche 또한 유쾌한 작가라고 불렸습니다. 이에 대해서는 다음에 이야기하기로 하죠. 이러한 위대한 주제는 누가 생각이나 했겠습니까?

이 단어에 대해 다시 한번 묻고 싶네요. 그토록 유쾌한 사람이 되고 싶다면 무작위적이고도 모호한 상태에서 벗어나 유쾌한 것이 무엇을 의미하는지 이해해야 합니다. 왜 사람들은 직업 알아맞히기 퀴즈쇼를 유쾌하다고 여겼을까요? 우리는 왜 그렇게 생각하는 걸까요?

이 퀴즈쇼는 많은 사람을 웃게 했습니다. 직업을 맞혀야 하는 패널들은 바로 앞에 앉아 있는 사람의 직업을 엉뚱하게 추측하며 자신감을 보였습니다. 시청자들은 초대 손님의 직업을 이미 알기에 패널들이 맞았는지 틀렸는지도 알 수 있었죠. 이런 흥미로운 설정에 패널들이 쏟아내는 이상하고도 특이한 질문과 사회자 로베르트 렘커의 진행 멘트가 재미를 더했습니다. 프로그램이 끝날 무렵이면 초대 손님의 직업이 공개되고, 이에 대해 좀 더 이야기를 나누며 직업의 일상이 영상으로 나왔습니다. 초대 손님은 마지막에 돼지 저금통을 가져갈 수 있었죠.

웃음과 유머는 유쾌한 저녁 시간에 빠질 수 없습니다. 하지만 이 프로그램의 핵심은 조금 다릅니다. 특정 인물에게 초점을 맞추지 않고 오직 소소하며 편안하게 게임을 진행하는 데 집중했습니다. 작지만 위대한 쇼라고 말할 수 있죠. 요란스럽게 누군가를 소개하지도 않았어요. 렘커의 반려견인

폭스테리어 슈트로피가 당첨금을 지키고 특별한 것 없는 소품으로 꾸며진 스튜디오에서 어느 누구도 시끄럽게 굴지 않았습니다. 여담으로 슈트로피가 무지개다리를 건넌 후 새로운 반려견 재키가 지킴이 역할을 승계했습니다. 당첨금도 천만이나 억만 단위가 아니라 많아 봤자 5마르크 동전 10개, 50마르크였습니다. 보통 사람의 평범한 직업을 보여주기도 하고 때로는 특이하게 재미난 직업을 소개했습니다. 진심으로 누구도 무언가를 원하지 않았습니다. 청중을 억지로 웃게 만들지도 않았고 패널들이 반드시 답을 맞혀야 할 필요도 없었죠. 오히려 맞히지 못하면 더 좋았습니다.

이 퀴즈쇼는 텔레비전에 한 번도 출연하지 않았을 평범한 사람들을 친숙하고 다정하게 바라봅니다. 미소 지으며 경쾌하게 무관심했던 것에 관심을 두는 일, 바로 유쾌함을 다뤘습니다.

2

망해가는 세상에서
미소 짓기

우리의 주제도 이와 같지 않나요?
현재 상황과 앞으로 다가올 시간이
별로 좋지 않더라도
우리 삶에서 유쾌함을 제거하는 것은
말도 안 되는 일이 아닐까요?

더 깊이 생각해 보기 전에 우선 이 질문부터 하고 싶습니다. 이 시대에 유쾌함이라는 주제를 다뤄야 하는 특별한 이유는 무엇일까요? 인류가 지금껏 이토록 심각하고 끔찍한 상황에 직면했던 적이 있던가요? 무엇보다 인류의 삶을 특별하게 만든 모든 것에 의문을 제기하는 지구의 근본적인 기후위기는 어떻습니까? 또한 유럽 한복판에서 벌어진 전쟁의 광기와 결과는 어떠합니까? 우리가 안전하다고 믿었던 많은 민주주의 국가의 허점에 대한 두려움은 어떻게 다뤄야 할까요?

진중하다 못해 너무 심각해지는 것은 아닐까요? 지금은 유쾌해질 기분이 전혀 아닌가요? 여러분은 이러한 갈망을 감당할 수 있나요? 꼭 감당해야만 하나요? 위기와 재앙,

그리고 그에 따라오는 모든 걱정과 슬픔으로 막다른 길에 놓인 상황에서도 여러분은 유쾌해질 수 있습니까? 개인 문제에 사회 문제가 가중되어 더 힘들어질 때는 어떻게 해야 합니까? 지금 우리가 유쾌함에 관해 이야기한다면 상황의 심각성을 부인하는 것일까요?

한 헌책방에서 저는 미하엘 티체Michael Titze의 『유머의 치유력Heilkraft des Humors』을 발견했습니다. 이 책은 이렇게 말합니다. "지금 우리는 재앙에 대한 공포와 미래에 대한 두려움이 가득한 시대를 살고 있다. 숲은 죽어가고 실업률은 치솟고 핵미사일은 여기저기서 개발된다. 현대인들은 실제로 웃을 일이 없는 것 같다." 출판연도는 1985년이네요.

저는 질문의 답을 찾기 위해 인터넷을 뒤적이다가 철학자 빌헬름 슈미트Wilhelm Schmid의 글을 발견했습니다. 라디오용으로 작성된 원고는 이렇게 시작하죠. "지금 즐거우신가요? 아마 대부분은 그렇지 않다고 답하겠죠. 너무 많은 불행한 소식이 우리에게 다가오고 있고, 어떤 이는 유쾌해지기보다는 절망해야 한다고 말하기도 합니다."

2001년 5월의 글이니까 9·11 테러가 발생하기 전이네요. 이때가 결코 쉬운 시기는 아니었지만, 조심스럽게 말하자면 지금 우리는 그 시대에 최고점을 찍은 위기를 지나왔습니다. 그런데도 같은 질문이 나왔습니다. 유쾌해져도 될까요?

조금 더 과거로 돌아가 인류의 두려움을 추적해 볼 수 있습니다.

> 사람들이 거리에 길게 늘어서 있다.
> 고개 들어 하늘의 징조를 올려본다.
> 길게 늘어진 붉은 혜성이
> 들쭉날쭉한 첨탑 사이를 불길하게 지나간다.

이 작품은 게오르크 하임Georg Heym이 1912년에 쓴 유명한 시로, 당시 널리 퍼졌던 세상의 종말에 대한 두려움을 표현했습니다. 안타깝게도 그는 이 작품의 제목을 끝내 붙일 수 없었죠. 시인은 24세에 하벨에서 스케이트를 타던 중 얼음이 깨져 물에 빠진 친구를 도우려다 익사하고 말았습니다.

여기에서 무엇을 배울 수 있을지…. 우리는 아무것도 배울 수 없습니다. 아니면 뭐라도 배워야 할까요?

1887년 태어나 소비부르Sobibór 학살 수용소(폴란드 동부 국경 근방에 나치가 만든 유대인 절멸 수용소—옮긴이)에서 1942

년 생을 마감한 한스 다피트존Hans Davidsohn은 생전에 야코프 판호디스Jakob van Hoddis라는 필명을 사용했고, 1911년 매우 유명한 표현주의 시를 선보였습니다.

모자 하나가 볼록한 머리에서 날아간다.
사방에서 바람의 울부짖음이 울려온다.
지붕 첨탑이 무너져 두 동강이 난다.
바닷가에 해일이 일어난다.

폭풍이 몰려와 파도가 널뛴다.
육지로 몰려들어 육중한 댐이 무너진다.
사람들이 감기에 걸려 눈물 콧물 흘린다.
기차가 다리에서 추락한다.

이 시는 당시 모자가 날아가 버려 감기에 걸린 한 시민이 철도 다리가 무너지는 사고를 보고 세상의 종말로 여기는 모습을 풍자했습니다. 이후 카를 클라우스Karl Kraus는 『인류의 마지막 날Die letzten Tage der Menschheit』이라는 풍자 희곡을 집필했습니다. 쿠르트 핀투스Kurt Pintus는 「인류의 황혼Menschheitsdämmerung」이라는 표현주의 시를 썼죠. 칸딘스

키Wassily Kandinsky, 푈치히Hans Poelzig, 딕스Otto Dix, 베크만 Max Beckmann 모두 종말을 주제로 작품을 남겼습니다.

1910년으로 돌아와 당시 사람들이 두려워했던 핼리 혜성은 근원적인 공포감을 증폭시키며 구체적인 기준점을 제공했습니다. 세계대전의 서막을 알린 것이죠.

이제 이런 생각이 듭니다. 어떤 시대든 유쾌함이 1등 자리에서 주도적으로 사회 분위기를 이끌었던 적이 있던가요? 모든 시대가 절망적이지 않았던가요? 만약 그렇다면 진지함의 시대를 살아가는 우리의 태도는 근본적으로 어떤 결과를 가져올까요? 지금 우리는 그러한 시대를 통과하고 있기에 훨씬 중대한 문제를 조심스럽게 묻고 싶네요. 가뭄과 홍수, 빙하 소멸과 폭우는 전반적인 파멸의 전조라고 생각할 수도 있겠죠. 이러한 불안 뒤에 죽음에 대한 우리의 개인적인 두려움과 종말에 대한 공포가 숨어 있는 것은 아닐까요?

얼마 전 빈에서 활동하는 칼럼니스트 도리스 크네히트Doris Knecht의 작품을 자세히 읽어볼 기회가 있었습니다. 매우 훌륭한 작가이기에 참으로 즐거운 작업이었죠. 스위스에서 열린 시상식에 제가 그의 수상 기념 연설을 맡아서 글을 다시 한번 살펴봤습니다.

2022년 크네히트는 한 독자가 자신에게 불만을 토로했다고 언급했습니다. 자신이 좋아하는 음식에 대한 글이었죠. 독자는 난민 가정에서 자랐고, 지금은 순수한 마음으로 난민을 돕는다고 했습니다. 독자는 우크라이나 전쟁이 한창일 당시 작가가 좋아하는 음식에 대한 글을 읽는 것이 우스꽝스럽고 가식적이라고 생각했답니다.

크네히트는 투명하고도 우아하게 글을 썼습니다. "물론, 독자의 의견은 일리가 있다. 하지만 내 생각은 조금 다르다." 그의 글은 계속되었습니다. "우리는 이 전쟁을 시작하지 않았다. 우리 중 누구도 전쟁을 원치 않는다. 모두가 겁에 질려 긴장하고 있다. 하지만 전쟁에 휘말린 사람들에게 우리가 밤낮으로 죄책감을 가질 필요는 없다고 생각한다. 우크라이나 사람들은 평화롭고 평범하게 살기 원했고 지금도 그렇게 원한다. 우리가 아이들과 놀기를 포기하고 좋은 음식을 먹지 않고 예술을 감상하지 않는다고 하더라도 이 전쟁은 멈추지 않을 것이다. 우리가 온종일 무기력하게 죄의식에 사로잡혀 보낸다고 한들 우크라이나 국민과 난민의 상황이 더 나아지지는 않을 것이다. 만약 그렇게 모든 것을 포기하고 무기력하게 보낸다면 어떻게 될까? 우리를 전쟁에 말려들게 만들려는 푸틴의 의도에 넘어가는 것이다." 그는 이와 같이 썼습니다. 이렇게 한다면 푸틴이 승리하는 것이죠. 푸틴이 우리 삶을 결정하고 우리의 자유도 빼앗는 것입니다. "우리는 이곳에서 할 수 있는 방식으로 우크라이나 사람과 난민을 돕자. 하지만 푸틴이 우리가 어떻게 살지, 무엇을 즐길지, 무엇을 기록할지 결정하도록 만들지는 말아야 한다."

우리의 주제도 이와 같지 않나요? 현재 상황과 앞으로 다가올 시간이 별로 좋지 않더라도 우리 삶에서 유쾌함을 제거하는 것은 말도 안 되는 일이 아닐까요? 우리를 살아가도록 이끄는 원동력을 스스로 내버리거나 누군가 빼앗아 가는 것을 보고만 있을 건가요? 지금 시대가 그렇다고 해도 우리는 유쾌하게 지내야 하지 않을까요?

정신분석학자 마르가레테 미처리히Margarete Mitscherlich의 일화가 떠오르네요. 당시 그분은 이미 91세였습니다. 어떤 중년 남성이 프랑크푸르트의 강의실에서 국가의 암울한 상황에 대한 성명을 발표했죠. 그는 국가 가치의 전반적인 하락부터 정치인의 무능까지 지적했습니다. 그의 불만대로라면 세상의 종말도 그리 멀지 않아 보였습니다.

미처리히는 은은하게 미소를 지으며 이렇게 말했습니

다. "젊은이여 참으로 안타깝고 슬프군요. 당신은 그저 징징거리고 있어요. 그렇게 말해도 상관없겠지만, 저는 이렇게 이야기하고 싶습니다. 모든 삶에는 중대한 문제가 있고, 모든 시대도 그렇죠. 이 사실에 대해 불평하는 건 그저 자신을 위한 핑계에 불과해요."

다시 한번 질문하겠습니다. 세상의 종말이 임박해 보이는 이 시대에 유쾌하다는 것은 무엇을 의미할까요? 우리는 이 용어가 예전부터 무엇을 뜻하는지 물어야 하지 않을까요?

2021년 늦여름의 저녁이었습니다. 저녁 식사 후 소파에 누워 코로나에 관한 뉴스를 보고 있었습니다. 이것만으로도 아주 심각한 일이죠. 이어서 그리스 에비아섬 Evia의 불타는 숲에서 번뜩거리는 화염이 화면을 가득 메웠습니다. 몇 주 전에는 아르 계곡 Ahrtal에서 홍수로 집들이 무너지는 것을 봤고, 절망에 빠진 집주인의 절박한 울음소리를 들었습니다. 당시 텔레비전 뉴스에서 재해 지역의 한 남성이 이렇게 말했습니다. "세상의 종말이 온 것 같다." 그에게 갑자기 세상의 종말이 다가온 것입니다.

그리고 또 다른 뉴스가 들립니다. 멕시코만에서 북유럽으로 흐르는 멕시코만류가 곧 사라질 가능성이 있다는 소식입니다. 저는 그때 다리를 쭉 뻗고 한 손에 맥주를 들고 있었습니다. 열린 창문으로는 거리의 바에 있는 사람들의 웃음소리가 들렸어요. 저는 소파에 앉아 맥주를 마시고 있었고요. 전 세계에서 밀려오는 충격적인 뉴스와 실시간으로 들리는 불길한 정보와 그로 인한 무기력함을 어떻게 견뎌야 할까요?

저는 텔레비전을 껐습니다. 기분에 맞는 음악을 듣고 싶었죠. 조니 캐시Johnny Cash의 〈그분이 곧 오신다The Man Comes Around〉를 틀었습니다. 그는 노래를 부르기 전에 늙고 연약한 목소리로 우선 가사를 한 구절을 읊습니다.

그리고 나는 천둥 같은 소리를 들었다.
네 마리 짐승 중 한 마리가 말하기를
"와서 보라" 하여 그렇게 백마를 보았다.

이 노래의 가사는 묵시록으로도 불리는 「요한계시록」 6장 1절과 2절 그리고 그 뒤를 계속 인용합니다. 성경 인용구의 일부는 다음과 같습니다.

나는 어린 양이 그 일곱 봉인 중의 하나를 떼시는 것을 보았습니다. 그리고 네 생물 중의 하나가 우레 같은 소리로 "나오너라" 하고 외치는 음성을 들었습니다. 그리고 보니 흰 말 한 필이 있고 (…)

캐시는 "팔뚝의 털이 곤두설 것이다"라고 노래합니다. 이 노래는 캐시의 마지막 노래이며, 그의 노래 중 제가 가장 좋아하는 곡이기도 하죠. 지금도 들을 때마다 머리가 쭈뼛 서는 느낌이 듭니다. 그가 너무나도 간절하게 노래를 부르고, 노래에서 묘사하는 세상의 종말이 제가 텔레비전에서 본 실제 상황대로라서 제 팔뚝의 털이 곤두서는 순간이 잊히지 않네요.

네 마리 생명 가운데서 음성이 들려오네! 그리고 바라보니 청황색 말 한 마리가 보이네. 그 위에 앉은 자의 이름은 죽음이요, 지옥이 그를 뒤따르리니.

신약 성경의 마지막인 묵시록을 다시 보겠습니다.

나는 넷째 생물이 "나오너라" 하고 외치는 음성을 들었습니다. 그리고 보니 푸르스름한 말 한 필이 있고 그 위에 탄 사람은 죽음이라는 이름을 가진 사람이었습니다. 그리고 그 뒤에는 지옥이 따르고 있었습니다. 그들에게는 땅의 사 분의 일을 지배하는 권한 곧 칼과 기근과 죽음, 그리고 땅의 짐승들을 가지고 사람을 죽이는 권한이 주어졌습니다.

늦은 여름 저녁 소파에 앉아 있는 제 기분이 천둥 같은 목소리를 듣는 창백한 말 한 마리 같았습니다.

저는 지난 몇 년 동안 세상의 종말이 다가오는 것을 여러 번 목격했습니다. 최악의 상황을 대비하는 데 얼마나 많은 시간을 낭비했을까요? 2017년의 어느 날이었습니다. 다음 날 이에 관한 칼럼을 썼기 때문에 여전히 기억납니다. 잠들기 전 도널드 트럼프Donald Trump에 대한 《슈피겔Spiegel》의 표지 기사를 읽은 게 문제였습니다. 밤새워 뒤척이며 악몽으로 괴로웠습니다. 새벽에 잠에서 깨자마자 저는 트럼프가 일으킨, 머지않아 다가올 종말에 대해 침대에 꼿꼿이 앉아 아내에게 설명했습니다.

날이 밝아 저는 아내와 당시 열두 살이던 딸과 함께 주방에 있었습니다. 그때 아들이 전화를 걸어왔습니다. 아내가 전화를 받았는데 아들이 제 안부를 물었나 봅니다. 왜냐하면 어느 순간 아내가 이렇게 말했기 때문이에요. "아빠가 컨디션이 그다지 좋지 않은 것 같구나. 아침부터 말세라며 이야기를 꺼냈어." 아내가 살짝 웃는 것 같기도 했습니다. 딸이 화들짝 놀라 소리 질렀습니다. "세상이 끝난다고? 난 아직 고등학교도 졸업하지 않았는데!" 물론 이제 딸이 고등학교를 졸업하고도 많은 시간이 흘렀죠. 세상은 끝나지 않았고 여전히 건재합니다. 종말에 대한 우리의 두려움도 마찬가지라고 생각합니다.

다음 날 사무실에서 역사학자 요하네스 프리트Johannes Fried의 『진노의 날: 세상의 종말Dies irae: Eine Geschichte des Weltuntergangs』을 책장에서 꺼내 들었습니다. 종말에 대해 스스로 배우고 깨닫는 데 하루를 온전히 보내고 나서야 이를 조금 다른 관점으로 바라보게 되었습니다. 종말론은 실현되지 않은 예측이고, 헛된 두려움이며, 이러한 재앙은 절대로 일어나지 않는다는 것을 알았습니다.

인류 역사상 변치 않는 강력한 상수 중 하나가 종말에 대한 헛된 믿음이라는 사실을 이해하면 큰 위안이 됩니다. 세상의 종말은 새롭게 변형되어 소문, 예언, 예술, 소설, 논픽션, 노래, 시 등에 다양하게 나타나죠. 인간은 자기 죽음을 예측할 수 없기에 그저 환상을 품고 상상하는 것 외에는 할 수 있는 것이 없습니다. 이러한 행동은 우리 유전자에 각인 되어 있죠. 알브레히트 뒤러Albrecht Dürer(15세기 독일 화가―옮 긴이)에서 롤런드 에머리히Roland Emmerich(영화 〈인디펜던스 데 이〉 감독―옮긴이), 루벤스Peter Paul Rubens(17세기 바로크 시대 화 가―옮긴이)에서 프랑크 셰칭Frank Schätzing(독일 SF 소설가―옮 긴이)에 이르기까지 수많은 예술가가 인류 역사에서 최후의 날 없이 이룩하기 어려웠던 기독교 유산인 아마겟돈을 반복 적으로 상상해 왔습니다.

이런 이유로 저는 전날 밤 침대에 뻣뻣이 앉은 채 인간 정신의 역사적 희생양이 되었던 셈입니다. 왜냐하면 역사를 통틀어 유쾌함의 개념에 관한 글은 슈미트의 인용문으로 시 작할 수 없었던 경우가 드물기 때문입니다. "유쾌함에 내줄 자리가 있는가? 사람들 대부분은 없다고 할 것이다….."

우리가 정말 오랫동안 아마겟돈의 저주에 시달려왔다 는 사실을 진지하게 인식하는 것도 도움이 될 듯합니다. 이 를 달리 어떻게 표현할 수 있을까요? 소위 서구 국가들에서 만 이러한 사상이 퍼져 있는데, 이는 세상의 종말을 의미할 뿐만 아니라, 남자와 여자, 그리고 쥐새끼 한 마리까지 포함 한 지구의 완전한 몰락을 의미합니다. 일본, 중국 등 다른 나 라에는 없는 개념이죠. 다른 많은 종교에도 종말에 대한 개념이 있지만 완전한 멸망은 아닙니다.

요하네스 프리트는 『진노의 날』을 통해 공포가 어떻게 만들어져 수천 년에 걸쳐 이어졌는지 추적했습니다. 공포에 대한 환상은 어느 시점에 기독교에서 해방되었지만, 계몽주의 시대에 부활해서 때로는 더 강력해졌다가 다시 사그라들었습니다. 하지만 이는 언제나 존재했어요. 때로는 위세를 떨치다가 때로는 잠잠해지는 식으로 말입니다. 공포가 초기에 파멸과 함께 전파되었다는 믿음은 대부분 상실되었습니다. 하지만 무無로 사라진다는 두려움은 남아 있습니다. 어쩌면 이 두려움은 우리가 사는 세계에서 인류가 태어날 때부터 존재하지 않았을까요? 여러분은 적절한 믿음을 갖고 계십니까?

프리트는 이렇게 계속 이야기합니다. "잘 드러나지 않지만 여기는 과학과 기술이 아무리 합리적으로 발전해도 두려움뿐만 아니라 끝없이 불안을 초래하는 종말에 대한 갈망, 다시 말해 파멸을 향한 쾌락이 지배하는 것 같다. 이는 동시대 많은 사람의 정신을 위험에 빠트리지 않지만 은밀하게 숨을 막는다." 그러고는 이렇게 덧붙입니다. "인간의 정신은 가장 커다란 고통과 두려움을 견뎌야 한다."

문제는 방법입니다. 우리는 어떻게 해야 할까요? 프리

트는 종말론 덕분에 현대 과학이 가능했다고 말합니다. 인류가 너무 어리석어 어느 시점에 이르러서는 양의 내장을 뒤적거려도 미래의 징후를 찾을 수 없었기 때문이죠.

이제 기후연구, 과학, 인식론에 관해 이야기해 봅시다. 독일 아르 계곡 지역이나 그리스 에비아섬 사람들에게 이 지식은 거의 쓸모가 없습니다. 그들의 세계는 이미 끝난 것이나 다름없으니까요. 하지만 텔레비전 시청자들이 느낀 '소름 돋는' 종말론적 위험은 절대 일어나지 않았다는 사실을 깨닫는 것은 도움이 될 듯합니다.

왜냐고요? 어쩌면 우리가 종말을 너무 두려워하기 때문이죠. 또한 멸망은 언제나 진화의 원동력 아닙니까? 공룡이 멸종되지 않았다면 인류가 존재할 수 있었을까요?

그리고 또 다른 관점도 도움이 될 것입니다. 그리스 파토스Patmos섬에서 나고 자란 사도 요한이 「요한계시록」을 작성했죠. 이를 조니 캐시가 인용하기도 했는데요, 우리가 기억할 점이 하나 있습니다. 사도 요한은 사람들에게 충격을 주려고 묵시록을 작성한 것은 아닙니다. 오히려 이런 충격적인 이야기가 희망을 만들어낸다는 믿음으로 작성한 것이죠. 사도 요한은 로마인에게 박해받았던 초기 그리스도인에게 역사의 마지막에는 하나님께서 여러분을 돕고 악한 자들을 벌하여 모든 것이 다 잘될 것이라고 전했습니다.

"하늘에서 내려오는 황금 사다리가 있으리니." 조니 캐시가 노래했습니다. 황금 사다리가 내려오지만 모든 사람에게 해당하는 것은 아니며 모든 사람이 똑같은 대우를 받지도 않는다고 합니다.

여러분이 하나님을 믿는다면 도움이 되겠죠. 하지만 믿지 않는다면요? 우리 내면 깊은 곳에 자리 잡은 고대로부터 내려온 종말의 유산을 어떻게 다뤄야 할까요? 의지할 황금 사다리가 없다면 우리의 희망은 어디에 있습니까?

과학은 어떻습니까? 인간은 스스로 구원할 능력이 있습니까? 세계사를 돌아볼 때 위기가 없던 시기는 단 한 번도 없었다는 인식은 어떤가요? 언제나 그래왔고 예외조차 없었습니다. 경험상 이성은 언제나 승리했고, 독재자이며 살인자인 푸틴과 시진핑의 광기가 언젠가 끝날 것이라고 생각하십니까? 젊은이들은 아무 생각도 없고 아무것도 하지 않으며, 미래의 문제를 해결하는 속도가 너무 느리다고 강하게 비난하시겠습니까? 사도 요한이 희망의 묵시록을 작성한 것처럼 희망 가득한 이야기 만들어내는 인간 능력은 어떻게 생각하시나요? 암울한 공포 속에서도 이런 일이 일어날 수 있을까요?

조금은 유쾌하게 지내는 것, 어떨까요?

3

언제나 행복할 여지가
있습니다

좋지 않은 감정이 작품 속 어딘가에 깊이 담겨 있어요.
하지만 그 감정은 더 긍정적이고 행복하고
유쾌한 것으로 변형되어 나타납니다.
그의 작품이 지닌 특징이 바로 이런 변형입니다.

2022년에 세상을 떠난 프랑스 삽화가 장자크 상페의 그림이 우리 집에 걸려 있습니다. 계단을 내려와 정원으로 향하는 한 여인의 모습이죠. 정원에는 화려한 꽃도 있고 옅은 색으로 표현된 꽃도 있어요. 그림 속 여인은 정원에서 두 팔 벌려 미소 짓습니다. 그의 기쁨을 온전히 느낄 수 있어요. 그림은 완성되지 않은 것처럼 보여요. 네모난 공간은 완전히 채워지지 않았죠. 하얀색의 커다란 여백이 있는 그림입니다.

저는 이 그림을 좋아합니다. 왜 좋아할까요? 구체적인 이유가 뭘까요?

상페의 작품은 대부분 커다란 하얀색 여백이나 광활한 바닷가, 대도시, 아파트가 늘어선 집 같은 넓은 공간에 인물은 상대적으로 작게 그려집니다. 자그마한 인물은 늘 무언가에 몰두하고 있죠. 생각에 빠졌거나 산책하거나 바다를 바라보거나 이제 막 봉투를 뜯은 편지를 읽거나 자전거를 세워두고 나무 그늘에 누웠거나 뜨개질하거나 춤추거나 카드놀이를 하죠. 아이들은 놀이에 푹 빠져서 아이만이 누릴 수 있는 기쁨을 온전히 즐기는 것처럼 보여요.

그의 작품을 볼 때마다 저는 강렬한 인상을 받습니다. 자그마한 인물이 커다란 공간에 있는데 위협적이라기보다는 오히려 희망과 가능성이 가득하다고 느끼죠. 그의 그림을 보고 있으면 자신을 스스로 돌아보게 돼요. 세상이 회색빛으로 보이면서 어두운 그림자에 짓눌리는 것 같은 우울한 날, 시간의 태엽을 되돌려 걸어온 길을 되짚어 볼 때 잘못 든 길만 보여주는 것이 아니라 더 좋은 길과 앞으로 여전히 갈 수 있는 길을, 원한다면 언제나 보여주는 듯합니다.

장자크 상페의 어린 시절은 그다지 행복하지 않았습니다. 그는 "실제로 꽤 끔찍하고 조금은 비극적이었다"라고 말했죠. 그가 아버지라 불렀던 남자는 실제로는 계부로, 생선 통조림과 조림 소스를 방문 판매하는 사람이었습니다. 그는 술이 세지 않았지만 자주 마셨습니다. 반주 한 잔만으로도 완전히 딴사람이 되어 상페의 어머니를 화나게 했고, 매일같이 미친 듯한 싸움이 벌어져 어린 상페는 끔찍한 고통을 겪

었다고 합니다. 어머니는 보잘것없는 통조림 장사보다 더 그
럴듯하고 잘 버는 일을 찾지 못하면서 술을 마신다며 남편을
비난했습니다. 그러면 그는 접시를 집어 던지기 시작했고,
이웃들은 수군거렸죠.

어린아이는 오롯이 고통받아야 했습니다. 유명해진 다
음 상페는 이렇게 말했습니다. "나는 어린 시절 유쾌한 일을
빼고 모든 걸 다 겪었다. 이런 이유로 나는 유쾌함을 좋아한
다."

이것이 바로 상페가 보여주는 길, 즉 유쾌함의 길입니
다. 프랑스 시인이자 재즈 평론가 자크 레다Jacques Réda는 상
페의 작품을 두고 이렇게 말했습니다. "상페의 캐릭터는 수
줍음이 심한 데다가 겁도 많아 보이지만 깊고 묘한 겸손함을
풍긴다. 상페는 그들을 사랑하는 것 같다." 이런 이유로 우리
도 상페의 캐릭터를 사랑합니다. 상페의 캐릭터에게서 우리
의 모습을 확인할 수 있기에 우리는 자신을 조금이나마 사랑
할 수 있습니다. 자기도취가 아닌 자기를 용서하는 마음으로
말이죠.

상페는 친구이자 전기 작가인 마르크 르카르팡티에Marc
Lecarpentier와의 대화에서 어린 시절의 슬픔이 어떻게 노년까
지, 80세가 넘은 나이에도 여전히 자신을 괴롭히는지 털어

놓았습니다. "모든 것이 너무 생생하게 느껴져요." 그는 이렇게 말을 꺼냈습니다. "겨우 힘을 내어 길을 걷는데 한쪽 다리가 짧아 절뚝거리는 여인의 모습이 눈에 들어왔어요. 보는 것만으로도 마음이 아팠죠."

그는 과한 연민으로 자신을 스스로 어처구니없게 만들었던 일화도 이야기했습니다. 어느 여름 남부 프랑스에 있는 자기 집에서 벌어진 일은 이렇습니다. 말벌 한 마리가 특정한 시간마다 집으로 날아와 지붕 끝에 앉아 휴식을 취한 다음 어두컴컴한 주방으로 향하여 물을 받아둔 냄비로 가더랍니다. 냄비에서 물 한 방울을 가지고 다시 지붕 끝으로 날아가 잠시 쉬고는 이내 허공으로 날아가더래요. 말벌이 물을 어떻게 운반하는지 모르겠지만, 분명 양동이를 들고 다니지는 않을 테죠.

그러던 어느 날 상페가 냄비에 커피를 데울 때 말벌이 나타났다고 해요. 커피는 보글보글 끓고 있었죠. "그때 말벌이 요란하게 윙윙거리며 날아와 끓고 있는 시커먼 물로 향했어요. 아주 희미하게 뭔가 탁 갈라지는 소리가 들리더니 말벌이 그대로 죽어버렸어요."

그는 필사적으로 말벌을 커피에서 꺼내 테이블에 올려놓고 날개를 펼치고 다리를 건드려보고 인공호흡을 하듯 후

후 불어도 봤지만 모든 시도는 허사였습니다. 말벌은 죽은 채 그대로 있었습니다. 그는 자신이 말벌의 생명을 빼앗았다는 느낌을 받았습니다. 그리고 죽어버린 말벌을 기다리는 다른 말벌들이 친구가 왜 돌아오지 않는지 궁금해하며 걱정하리라는 생각이 들었습니다.

그렇게 나는, 나는 거기에 앉아 알게 되었어요. 말벌이 집으로 돌아가지 못한다는 것을, 물을 가져다줄 수 없다는 것을. 눈물이 흐르고 흘렀죠. 흐르는 눈물을 멈출 수 없었어요.

상페의 이야기를 읽으면서 거의 잊었던 제 어린 시절의 한 장면이 떠올랐습니다. 집에서 나와 할아버지 댁으로 가던 길이었습니다. 먼 길이어서 저를 때리며 괴롭히는 소년들이 사는 마을도 지나야 하고 음침한 숲도 통과해야 했죠. 학교에서 들은 끔찍한 이야기에 따르면 그 숲에는 사람이 나무에 매달려 있었어요. 그 길에서 저는 한 남루한 차림의 남자와 마주쳤습니다. 길거리에서 사과를 먹고 있더라고요. 겨우 사과 하나를요.

저는 너무 슬퍼서 길 가는 내내 울었고, 사실 지금도 그 사람을 생각하면 그때처럼 슬픔이 밀려와요. 왜냐하면 그에게 연민을 느꼈기 때문입니다. 분명 그 사람은 저와 달리 집도 없고, 밖에서 어떤 문제가 있었더라도 저녁이면 식탁에 둘러앉아 함께 식사하고 웃어주는 가족도 없었을 테니까요. 그 남자의 외로움을 상상하며 그의 비참한 삶에 대해 생각에 빠졌었던 것이죠.

상페가 사랑받으며 높이 평가받는 이유가 바로 이것입니다. 좋지 않은 감정이 작품 속 어딘가에 깊이 담겨 있어요. 하지만 그 감정은 더 긍정적이고 행복하고 유쾌한 것으로 변형되어 나타납니다. 그의 작품이 지닌 특징이 바로 이런 변형입니다. 상페는 이렇게 말했습니다. "사람들은 그다지 선하지 않다. 하지만 선은 존재하며, 선과 함께하는 사람은 언제나 있다."

그는 그림을 시작하면서 행복한 사람을 그리고 싶다고 했습니다. 실제로 『꼬마 니콜라 Le Petit Nicolas』에 등장하는 아이들은 걱정 없이 행복하게 뛰놀고 서로 격려하고 선생님을 놀리고 소리 지르며 버스를 따라가고 부모에게 거짓말을 해요. 아이들이 행복하지 않을 때는 "언제나 행복할 여지가 있다"라고 상페가 전합니다.

이것이야말로 제가 상페의 그림을 보면 유쾌해지는 이

유입니다. 불현듯 그렇게 될 방법이 있다는 걸 깨닫죠.

앞서 언급한 친구 르카르팡티에와 나눈 대화에서 상페는 항상 이렇게 말을 시작해요. '내 생각에는, 나는 그런 것 같습니다.' 그다지 확신하지 않는 듯한 태도입니다. 그러고는 이렇게 질문합니다. '확실해요? 그런 건가요? 아, 그래요!'

바로 이겁니다! 확신하건대 위대한 일을 해냈고 또 해내는 사람들은 무한하게 감탄하죠. 그들은 언제나 무언가를 발견합니다. '하지만 같은 사람이 가장 가증스러운 일을 할 수도 있어요⋯.' 물론입니다. '그러면 왜 그런 사람에게 계속 감탄하나요?'

"아⋯. 음, 그렇게 하지 않으면 슬프니까요⋯."

그는 자신이 존경하는 작가가 쓴 문장에 너무나 감동했다고 말했습니다. "인간은 위로할 수 없는 유쾌함의 창조물이다"라는 문장입니다. 정말 대단합니다.

유쾌하지 않다면 살아갈 수 없다. 모든 것이 잘못되더라도 여전히 유쾌함은 남아 있다. 이를 삶의 기쁨 또는 존재의 기쁨이라 할 수 있다. 위로가 없다면 어쨌든 당신은 그런 사람이다. 인간의 존재는 위로되지 않는다. 나는 양가 감정 모두…….

정말 멋지지 않습니까? 실제로 우리가 위로받을 수 없다는 것을 인정하면서도, 시도하고 실패하고 그래도 다시 시도하면서 이해하게 되는 것이죠. 여러분은 상심하면서도 유쾌할 수 있습니다. 상심하는 와중에 유쾌할 수도 있고 상심하고 나서 유쾌할 수도 있습니다. 진지하기만 하거나 유쾌하기만 한 것이 아니라 두 가지 감정을 함께 느낄 수 있습니다. 모든 것에서 그렇습니다.

이 문제를 진지하게 살펴보면 유쾌함이 없는 삶은 불가능하다고 단언할 수 있습니다. 그렇지 않다면 우리는 무척 슬프겠죠. 유쾌함 없는 삶이 과연 누구에게 도움이 될까요? 그렇게 산다면 그 삶은 어떨까요? 항상 슬프지 않을까요? 슬픔은 우리를 구원하지 못합니다.

질문을 더 해보겠습니다. 유쾌해지려면 어떻게 해야 할까요? 유쾌하다는 것이 정확하게 무슨 뜻입니까? 유쾌해지기 위해 여러분은 무엇을 할 수 있나요? 우리에게 놓인 이 질문을 통해 우리는 삶에 어떻게 다가가야 할까요?

상페의 그림을 보며 받는 느낌과 그가 말한 내용을 통해 몇 가지 사실을 깨달을 수 있습니다. 유쾌하지 않고는 살 수 없다는 것이 사실이라면 그 유쾌함을 진지하게 받아들여야 한다는 점입니다. 유쾌함이 골목을 돌아 우리를 찾아올 때까지 기다리지 말고 우리가 유쾌함을 찾고자 노력해야 하며, 유쾌함은 우리 삶에 언제나 존재한다는 가능성을 자각해야 합니다.

이것이 가장 중요합니다. 기억나는 이야기가 있습니다. 만화가이자 희극인 로리오트Loriot는 독일인이 다른 나라 사람에 비해 유머가 적은 이유를 이렇게 말했습니다. "독일인이 유머가 없는 것은 아니다. 하지만 확실한 것은 독일인은 유머를 중요하게 생각하지 않는다는 점이다."

아마 유쾌함도 그런 듯합니다. 저는 여러분이 유쾌함을 진지하게 받아들여야 한다고 말했는데, 여러분이 아시는지 모르겠지만 저는 독일인입니다. 저는 심지어 유머를 진지하게 받아들입니다.

여기 한 가지 더 이야기하고 싶습니다. 상페의 삽화가 보여주는 세상을 향한 놀랄 만한 친절함, 바로 연민에 대해서 말입니다. 삽화 속 인물은 상대방이 무엇인가 갈망하고,

선함을 추구하고, 삶을 즐기려 하고, 단순하게 생각해서 누군가와 함께하고 다른 이와 비교하려 들지 않습니다. 상대를 싸워 이겨야 할 대상이 아니라 여러분과 같은 방식으로 또는 완전히 다른 방식으로 그저 자신의 삶을 살아가는 사람으로 바라보죠. 그렇다고 순진하게 악과 비열함과 추악함, 어리석음과 더러움에 대해 모른다는 의미는 아닙니다.

이는 상페가 말한 대로입니다. 선善이 있으며 그것과 함께하고자 하는 사람이 있고, 그런 사람은 우리 생각보다 훨씬 많을 수 있습니다. 어쩌면 이것이 모든 것의 전제 조건일지도 모릅니다.

그렇다면 다른 것은 무엇이 있을까요? 무엇이 지금 우리가 말하는 주제와 연관이 있나요? 몇 가지는 분명 관련이 있습니다. 웃음, 농담, 코미디, 술, 유머, 미소, 친절함은 확실하죠. 그런데 다른 개념은 언뜻 연결고리가 보이지는 않네요. 사소한 것들, 거리감과 자기 망각, 그에 따라오는 편안함과 여유로운 공간 등은 어떻습니까? 이상하게 들리나요?

계속해서 이야기해 보면 알게 될 것입니다.

4

웃음이 금지된
사람들

"웃음은 두려움을 사라지게 합니다.
두려움이 사라지면 믿음도 사라지고 맙니다.
악마를 두려워하지 않는 사람은 더는 신을 찾지 않습니다."

유쾌함과 가장 가까운 듯 보이는 웃음부터 시작해 봅니다. 무엇보다 우리는 모두 웃음과 연결되어 있죠. 그렇다면 이 연결고리는 정말 자연스러운가요?

움베르토 에코Umberto Eco의 책 『장미의 이름Il nome della rosa』이 생각납니다. 장자크 아노Jean-Jacques Annaud가 감독하고 베른트 아이힝거Bernd Eichinger가 제작한 영화가 1986년에 개봉하기도 했습니다.

이 영화를 다시 한번 봅니다. 작품은 추운 이탈리아 북부 외딴곳에 자리한 음침한 베네딕도회 수도원을 배경으로 합니다. 바스커빌의 프란치스코회 수도사 윌리엄(숀 코너리 분)과 그를 돕는 아드소(크리스천 슬레이터 분)가 교황청에서 파견한 바티칸 사절단을 만나 신학 논쟁의 결론을 내리기 위해 이곳에 도착합니다. 알려진 바대로 가톨릭교회가 간절히 답을 기다렸던 고통스러운 질문입니다. "그리스도께서 몸에 입으셨던 옷은 그분의 것인가, 아닌가?"

결과적으로 이는 중요하지 않았습니다. 논쟁은 예고 없이 중단되었습니다. 왜냐하면 그들이 수도원에 도착하기 전에 수도승 사이에서 괴기스러운 죽음이 일어났기 때문이죠. 윌리엄과 아드소는 마치 셜록 홈스와 왓슨 박사처럼 사건을 조사한 끝에 이 모든 일이 연쇄살인 사건임을 확신합니다. 두 번째 시체가 발견되었을 때는 수도승 사이에 집단 공황까지 일어납니다. 마치 사도 요한의 묵시록과 유사한 상황이었기 때문입니다. 그렇죠, 유사했습니다만….

피가 담긴 통 속에서 죽은 사람이 발견됩니다. 사도 요한의 묵시록에서 두 번째 나팔이 울리면 "바다는 피로 물들게 되리라"라고 적혀 있는데, 누군가가 "보라! 여기 피가 있다!"라고 외칩니다. 「요한계시록」은 계속해서 이렇게 말합니다. "세 번째 나팔이 울리면 불타오르는 별이 강물로 떨어질 것이다."

근본적이고 유일하게 비슷한 점은 '피'와 '우박'이라는 단어입니다. 하지만 이 정도의 징조만으로도 베네딕도회가 종말이 왔다며 공황에 빠져 기도하기에 충분하죠. 조니 캐시가 이 상황을 목격했다면 제법 즐겼을 것입니다.

진실은 수도원 첨탑에 숨겨져 있던 아리스토텔레스의 저서『시학』제2권과 관계 있었습니다.『시학』제1권은 시, 비극, 서사시에 대해 다루지만 제2권은 코미디, 웃음, 우스꽝스러움, 유쾌함 등을 다루죠. 다만 제2권은 세상에 알려진 바가 거의 없어 존재 자체가 의심되기도 해요. 움베르토 에코는 이를 소재 삼아 소설을 쓴 것입니다.『시학』제2권은 수도원에 숨겨졌고, 눈먼 수도사 호르헤의 의지에 따라 그대로 비밀에 부쳐졌습니다. 그는 사람들이 웃는 법을 알고 웃을 수 있음을 깨닫는 순간 신을 향한 믿음이 흔들리고 위협받고 위태로워져 결국 종말, 즉 믿음의 종말이 올 것이라고 생각했습니다.

살인자를 찾아 다행이죠! 사건이 결론에 이르기 전 윌리엄과 호르헤는 도서관에서 마주칩니다. 윌리엄은 그곳에서 책 한 권을 발견했습니다. 책에는 주교의 스승을 당나귀로, 교황을 여우로, 대수도원장을 원숭이로 표현한 삽화가 담겼습니다. 주변에는 수도사 무리가 일하고 있었는데, 갑자기 쥐 한 마리가 그곳을 가로질러 도망갑니다. 수도사 한 명이 겁에 질려 비명을 지르고, 다른 수도사들이 그 모습에 웃음을 터트립니다. 윌리엄은 계속해서 책을 넘겨 보는데, 그 순간 눈먼 호르헤의 일그러지고 흉측한 얼굴이 나타납니다. 그가 말합니다. "웃음은 가장 부자연스럽게 얼굴을 왜곡하고 사람들을 원숭이처럼 보이게 하는 악마의 소행입니다."

그러자 윌리엄이 온화한 미소를 보이며 대답합니다. "존경하는 호르헤 수도사여, 원숭이는 웃지 않습니다. 웃음은 인간만의 특성입니다."

호르헤가 소리 지릅니다. "웃음은 죄악입니다. 그리스도는 웃지 않으셨습니다."

"확신할 수 있습니까?"

"성경 어디에도 웃으셨다는 기록이 없습니다."

그러고는 호르헤는 아리스토텔레스의 『시학』 제2권은 절대로 쓰이지 않았다고 주장합니다.

윌리엄은 그의 주장이 거짓임을 밝혀냅니다. 결국 그는 아드소와 함께 수도원 첨탑의 거대한 비밀 도서관에서 『시학』 제2권의 유일한 필사본을 찾아 호르헤 앞에 조용히 나타납니다. 그는 책에 독이 묻어 있는 것을 알아챘습니다. 책을 넘겨 본 사람마다 고통스러운 죽음을 맞이했기 때문입니다. 수도사들이 책을 볼 때 손가락에 침을 묻혀 넘기는데 그 과정에서 몸에 독이 퍼진 것이죠. 윌리엄이 묻습니다. "사람들이 웃는 게 왜 그토록 불안합니까?"

그러자 눈먼 수도사가 큰 소리로 말합니다. "웃음은 두려움을 사라지게 합니다. 두려움이 사라지면 믿음도 사라지고 맙니다. 악마를 두려워하지 않는 사람은 더는 신을 찾지 않습니다." 그는 평민들은 일상에서 늘 웃는다며 이어서 말합니다. "하지만 이 책을 근거로 학자들이 모든 것에 대해 웃을 수 있다고 주장하면 어떻게 되겠소? 하나님에 대해서도 웃을 수 있소? 그러므로 나는 결코 말해서는 안 되는 것을 내 몸속 무덤에 영원히 가둘 것이오."

호르헤는 이렇게 말하고 책을 찢어 입에 넣기 시작합니다. 마치 그를 도와주기라도 하듯 곧 대도서관이 화염에 휩싸여 『시학』 제2권과 호르헤 수도사, 다시 말해 책에 묻은 독이 퍼져버린 호르헤 수도사의 몸과 그곳의 책들과 첨탑까지 모두 불타버립니다. 윌리엄은 얼굴이 잿더미로 시커멓게 되어 불구덩이에서 나오지만 수천 년 전 아리스토텔레스의 작품은 불길 속으로 영원히 사라지고 말죠.

사실 에코의 소설은 오늘날 우리는 상상조차 할 수 없는 중세 시대의 중대한 질문을 중심으로 전개됩니다. 우리는 웃어야 할까요? 웃어도 될까요? 중세 기독교는 고대철학자 두 명의 입장을 소환합니다. 아리스토텔레스는 우리가 살펴본 것처럼 웃음이야말로 동물과 인간을 구분하는 진정한 인간

고유의 특성이라고 말했습니다. 플라톤은 이와 반대로 웃음은 인간의 가장 저급한 행동이라고 판단했습니다. 말하자면 플라톤은 이 지구상의 유머 없는 사람의 조상인 셈이죠.

에코가 묘사했듯 중세에는 웃음이 커다란 논쟁거리였습니다. 사람들은 웃을 수 없었습니다. 특히 수도사는 웃으면 안 되고 오히려 진지해야 한다는 견해가 지배적이었습니다. 프랑스 역사가 자크 르 고프 Jacques Le Goff 는 「중세 시대의 웃음 Le rire dans la société médiévale」에서 이 주제를 자세히 다룹니다. 예수가 절대로 웃지 않았다는 사실에서 모든 규칙이 시작되었고, 그가 신의 아들이기에 인간에게도 웃음이 허용되지 않았습니다.

오랫동안 수도원의 행동 규율이라 알려진 『스승의 규칙서 Regula Magistri』는 다음과 같은 전제에 기반합니다. "우리의 가련하고 작은 몸이 바로 인간의 구조이다." 영혼의 가련한 옷이라는 의미는 그레고리오 1세가 590년부터 604년까지 교황이었을 때 다작가답게 이 표현을 여러 작품에 사용하면서 널리 퍼졌습니다.

우리의 영혼은 연약한 몸속 심장에 깃들어 있고 눈이라는 창문과 입이라는 문으로 외부 세계와 연결됩니다. 그리고 바로 이 창문과 문을 통해 죄가 마음으로 들어올 수도 있죠.

수도사는 그러지 않도록 문을 닫고 침묵해야 하며 만약 하고 싶은 말이 있다면 특정 시간에만 허락받아 합당한 말로만 자신을 표현할 수 있습니다. "우리는 가벼운 농담과 어리석게 웃음을 자아내는 잡담을 영원히 막아 사제들이 그런 말을 하는 것을 허락하지 않는다." 선한 것은 몸에 드나들 수 있지만, 악한 것은 애초에 드나들지 못하게 합니다. 그럼으로써 몸이 악마의 도구가 되는 것을 방지할 수 있다는 것이죠.

여기서 웃음을 어떻게 억제하려고 노력했는지 확인할 수 있습니다. 웃음은 무의식적이고 야만적이고 무정부적이고 해방적이며 때로는 모든 규칙을 파괴하면서 방종하는 경향이 있어 권력에 적대적입니다. 웃음의 실재를 부정할 수 없고 웃음이 터져 나오는 것을 항상 억제할 수는 없었습니다. 르 고프가 증명했듯이 수도사들은 수줍어하고 남몰래 웃으며 양심의 가책을 느꼈습니다. 젊은 시절 성 콜룸바누스 Columbanus는 다음과 같은 규칙을 작성했습니다. "사람이 모였을 때, 다시 말해 예배를 드릴 때 웃는 자는 태형 여섯 대를 받을 것이다. 큰 소리로 웃으면 단식의 벌을 받을 것이나, 면죄받을 합당한 이유가 있다면 벌을 면할 수도 있다."

프랑스 왕 루이 9세는 시민에게 친근하고 재미있다는 평을 듣는 왕이었습니다. 그는 이 문제를 우아한 방법으로 해결했죠. 바로 금요일에는 웃지 않는 것이었습니다. 일종의 웃음 단식이죠.

머칠 동안 우리는 중세 시대의 어처구니없는 상황에 대해 웃을 수 있을 것입니다. 이런 말도 안 되는 것을 믿었다니…. 아마 500년 후 사람들이 우리를 비웃을 수도 있겠죠. 언제나 그렇듯 웃을 수 있는 사람이 있고 웃고 싶은 사람이 있다면 말입니다.

5

코미디는
잔인합니다

만화나 영화에서 누군가 바나나껍질에 미끄러져 넘어지는 장면은
웃기지만 사실 조금은 잔인합니다.
왜냐하면 넘어진 사람은 아프니까요.

웃음은 두려움을 물리치고 영혼을 자유롭게 합니다. 그게 다일까요? 웃음에는 양면성이 있습니다. 웃는 사람과 웃음의 대상이 되는 사람 모두를 생각해 봐야 해요.

초등학교 시절 이야기가 떠오릅니다. 어느 날 아침, 학교 강당에서 축하 행사가 열렸습니다. 당시 저는 반에서 1등이었습니다. 무엇보다 독일어를 가장 잘했기에 무대에 올라 부모님을 포함하여 행사에 참석한 사람들 앞에서 시를 낭송해야 했습니다. 저는 집에서 연습하고 또 연습해서 결국 시를 다 외웠죠. 행사 당일 단상에 올라서니 맨 앞줄에 부모님과 선생님이 보였습니다. 그 순간 아무것도 떠오르지 않았어요. 선생님은 단상 아래에서 큰 소리로 시구절을 한 줄씩 저에게 전달해 주셔야 했습니다.

강당에 있던 사람들이 미친 듯이 웃었습니다. 진정한 슬랩스틱의 한 장면이었죠. 저는 청중석에 앉아 계신 부모님의 얼굴을 생각했습니다. 부모님은 저를 바라보며 최고가 되어 넓고 먼 세상으로 나아가면 좋겠다는 기대 어린 말씀을 자주 하셨습니다. 하지만 부모님의 눈에는 제가 기대했던 이해와 격려가 보이지 않았습니다.

순도 100퍼센트의 두려움이 보였습니다.

아이가 성공하지 못하면 어쩌지? 어느 날 아이가 성공해서 정상에 오른다면 그때는 또 어떤 일이 일어날까? 뭔가 잘못되는 걸까? 아이가 우리를 부끄럽게 한다면 어떻게 해야 하지? 단상을 오가다 넘어지기라도 한다면? 사람들이 우리 아들을 비웃으면 어떻게 하지? 이 모든 것이 학교 강당에서 일어났습니다. 웃음은 두려움을 사라지게 하지 못했습니다. 오히려 두려움이 웃음을 유발했죠.

프랑스 철학자이자 노벨상 수상자 앙리 베르그송Henri Bergson은 1899년 프랑스 문학잡지 『파리 평론Revue de Paris』에 에세이 「웃음Le Rire」을 선보였습니다. 그는 사람들이 실제로 왜 웃는지 그리고 무엇에 웃는지 질문하고 조사했습니다. 그의 핵심 논제 중 하나는 웃음의 사회적 기능이었습니다.

이를 이해하려면 베르그송의 생각을 따라가야 합니다. 그는 먼저 우리가 어디서 어떻게 웃는지 묻고, 세 가지 결론을 내립니다. 먼저 인간적인 것 말고는 재미있는 것은 없습니다. 풍경은 아름다울 수도 있고 사랑스러울 수도 있고 위대할 수도 있고 지루할 수도 있고 추할 수도 있습니다. 하지만 동물을 보고 웃음이 나올 때는 그 모습이 인간의 특징과 표정을 닮았을 때뿐입니다.

둘째, 웃음은 특정한 무감각과 연결되어 있습니다. 웃기 위해서는 "순간의 감정 마비"가 필요합니다. 무정함은 코미디의 자연스러운 요소입니다. 베르그송은 다음과 같이 말합니다. "우리는 연민이나 애정을 느끼게 하는 사람을 비웃지 않는다. 그들에 대해 웃으려면 연민과 애정을 잠시나마 억제해야 한다."

셋째, 웃음에는 메아리가 필요합니다. 웃음은 "계속해서 퍼져나가야 하는 것으로, 폭발로 시작해 산속의 천둥처럼 계속 울리는 것"이라고 말합니다. 객석에 사람이 많을수록 관객들은 더 크게 웃습니다. 우리는 모두 웃음이 얼마나 전염성이 강한지 알고 있으며, 함께 웃지 않으면 얼마나 소외감을 느끼는지도 압니다.

저는 이러한 느낌을 잘 알고 있죠. 강당 단상에 오르자

마자 시를 암송하지 못해 비웃음당하는 느낌을 상상만 한 것이 아니라 실제로 그렇게 웃음거리가 되었기 때문입니다.

웃음은 사람들을 하나로 만듭니다. 하지만 이를 위해서는 대가가 따릅니다. 웃을 수 있는 대상이 필요합니다. 안타깝게도 웃음은 때때로 다른 사람을 배제함으로써 나머지 사람을 단결시킵니다. 그 웃음은 조롱과 경멸이 될 수도 있습니다. 물론 믿기 어려울 정도의 해방감과 자유를 선사하기도 하지만 때로는 불쾌하고 역겹기까지 합니다. 소속감과 소외감을 동시에 만들어냅니다. 냉정하게 들리지만, 사실이 그렇습니다.

생각할 점이 하나 있습니다. 베르그송이 말한 대로 결코 모든 사람이 그 대상을 보고 비웃는 것은 아니라는 사실입니다. 우리를 웃게 만드는 특징이 있습니다. 재미난 많은 이야기는 이런 특징을 제목에 드러냅니다. 구두쇠, 몽상에 빠진 정신병자처럼 말이죠. 사람들이 웃는 이유는 그 한 가지 특성이 사람의 행동을 지배하기 때문입니다. 그것이 일종의 악습이 되어 코미디 주인공으로 등장하죠. 베르그송은 사람을 비웃는 것이 아니라 그 사람이 보이는 인색함, 허영심, 탐욕과 같은 특성에 대해 웃는 것이라고 말합니다.

영국 코미디 극단 몬티 파이선Monty Python의 〈이상한 걸음부The Ministry of Silly Walks〉라는 촌극을 예로 들겠습니다. 이 정부 부처는 오리걸음처럼 이상한 걸음걸이를 하는 사람들로 구성되어 있습니다. 이는 다른 모든 것을 지배해 버립니다. 믿기지 않을 정도로 재미있습니다. 어떻게 사람들이 걷는 방식에만 갇혀 있나요?

작가 게르하르트 폴트Gerhard Polt의 테니스에 대한 독백도 살펴보겠습니다. 폴트의 캐릭터는 기본적으로 비열하고 악랄하고 폭력적입니다. 페인트를 두껍게 칠해서 천천히 벗겨지는 벽과 같습니다. 우아하고 공정하고 귀족적인 테니스의 스포츠 정신, 기본 교육, 사회성과 자제력 학습 등으로 이 모든 것이 가려졌을 뿐입니다. 이러한 겉모양은 오래가지 못하고, 대화를 통해 그의 잔인함이 드러납니다. 잔인함은 사람의 내면을 드러내며 모든 것을 지배하기에 통제될 수 없습니다. 테니스를 찬미하던 거품이 빠지면서, 바닥에 깔린 뻔뻔한 증오심과 고삐 풀린 이기심이 더는 숨지 못하고 수면으로 올라옵니다.

저주의 말들이 진흙처럼 밀려옵니다. "야, 이 새대가리 멍청아. 그 자리에서 자빠져 버려라! 그 빌어먹을 빗자루로는 아무것도 못 한다! 이 멍청이야, 돌대가리야, 똥멍청아!" 너무나도 완벽하네요.

더 확실한 예로는 로리오트가 당시 유명했던 사람들을 패러디한 작품, 배우 클라우스 킨스키나 가수 디터 볼렌을 패러디한 막스 기어만의 작품 등이 있습니다. 패러디에는 특정 성향이 과장되어 마치 그 사람이 오직 그 특성만 가진 것처럼 보입니다. 베른하르트 그르지멕Bernhard Grzimek(동물학자이자 아프리카 동물 다큐멘터리를 제작·감독하여 아카데미 장편 다큐멘터리상을 받은 인물—옮긴이)은 로리오트의 패러디에 등장하는 그르지멕 교수처럼 돌을 갉아 먹는 설치류의 본질과 특성을 탐구한 적이 있기는 합니까?

로리오트의 코미디극에서 고장 난 텔레비전을 멍하니 바라보는 부부를 보고 독일 시청자들이 그토록 동질감을 느꼈던 적이 언제였습니까?

남편이 말합니다 "오늘의 마지막 뉴스를 보고 자러 갈 거예요." 그러자 부인이 대답합니다. "텔레비전이 고장 났는데요." 남편이 말합니다. "내가 언제 잘지 고장 난 텔레비전이 결정하게 두지 않을 거예요"

자, 그러면 앞서 언급한 웃음의 사회적 기능은 무엇일까요? 베르그송은 웃음을 "사회적 처벌" 나아가 "진정한 사회적 처벌"이라고 말합니다. 웃음거리가 되는 사람은 언제나 굴욕을 경험합니다. 웃음은 "바람직하지 않고 유익하지 않은 행동을 처벌하고, 삶과 사건의 과정에서 벗어나는 특정 방식을 시각화하고 동시에 비난하는 공동체의 행동"이라고 정의합니다. 기본적으로 "신체, 성격, 그리고 정신의 특정한 경직성" 다시 말해 한 인간을 지배하는 특정한 행동의 비탄력성을 의미하며 오리걸음, 탐욕, 폭력, 잔인함, 굳어진 습관 등이 있습니다. 사회가 도움이 되지 않는다고 판단하면 그것을 웃음으로 처벌하는 것이죠.

"코미디는 잔인하다." 시나리오 작가이자 유머와 코미디 이론에 정통한 존 보어하우스John Vorhaus는 이렇게 말했습니다. 그는 코미디는 진실이자 고통이라고 정의했습니다. 만화나 영화에서 누군가 바나나껍질에 미끄러져 넘어지는 장면은 웃기지만 사실 조금은 잔인합니다. 왜냐하면 넘어진 사람은 아프니까요. 이것이 바로 그가 말하는 고통입니다.

사실은 미끄러진 사람은 맥락상 순진하지만은 않고, 넘어질 만해서 넘어집니다. 너무 서두르거나 본때를 봐야 하는 오만한 사람이거나 아니면 사회 고위층이라서 그의 몰락이 서민들에게 통쾌함을 유발하는 등의 이유로 넘어지죠.

역사상 최초의 바나나 사건은 이에 대한 좋은 예시입니다. 1915년 개봉한 영화 〈바닷가에서By the Sea〉에서 부랑자 역을 맡은 찰리 채플린은 거리에서 바나나를 먹고 멋대로 껍질을 길바닥에 던집니다. 몇 초 지나 그는 정확히 그 위에 미끄러집니다. 이 행동은 이후 100년 넘게 다양한 버전의 개그로 반복됩니다. 바나나껍질을 길에 버리는 바람직하지 않은 행동은 타인의 불행을 기뻐하는 처벌, 바로 웃음이라는 처벌로 말 그대로 즉시 따라옵니다. 고통과 진실의 관계는 이러합니다.

제가 어렸을 때 초등학교 강당에 울려 퍼진 웃음은 선생님 말씀을 잘 듣고 기름 발라 정돈한 머리에 어린양의 눈빛을 지닌 순진하고 작은 공붓벌레를 비웃었던 것일까요? 아니면 아이들을 경쟁시키는 올림머리 선생님을 싫어하는 학생 및 학부모가 터트린 통쾌함이었을까요?

교실에서 암산을 할 때는 모두가 일어서야 했습니다. 답을 먼저 말한 친구는 앉을 수 있었습니다. 누가 가장 느린지 모두가 볼 수 있었죠. 이제 선생님은 치욕스러움을 직접 겪었습니다. 왜냐하면 그가 멋지게 꾸며 보여주고 싶었던 1등 학생이 머릿속에서 시를 한 구절도 꺼내지 못했으니까요. 모두가 저를 보고 웃었습니다. 더 중요한 건 웃음이 선생님을 향하기도 했다는 것이죠.

단지 당시에는 제가 그걸 몰랐습니다.

6

스스로
웃음거리가 되기

삶에서 웃음의 대상이 되어야 하는 첫 번째 사람은
자신이라는 점을 이해할 수 있습니다.

저는 학교 행사에서 두 가지를 배웠습니다. 첫째로 무대에 오를 때는 스스로 무엇을 하는지 인지해야 한다는 점입니다. 그래서 준비하고 또 확인해야 합니다. 둘째로 사람들이 여러분을 비웃기 전에 먼저 자신을 비웃는 것이 좋습니다.

어떻게 하냐고요? 사실 쉽습니다. 자신을 관찰하기만 해도 베르그송이 "신체와 성격과 정신의 경직성"이라고 말하는 유연하지 못한 특성을 발견할 것입니다. 저에게는 그런 특성이 차고도 넘칩니다. 예를 들어 다른 많은 남자와 달리 저는 기술, 자동차, 컴퓨터, 주머니칼, 전기톱에 관한 일에 서투릅니다.

제 소설 『많은 여름을 위한 집 Ein Haus für viele Sommer』은 이탈리아의 한 마을을 배경으로 합니다. 그곳에 반세기 넘게 아주 오래된 별장을 소유하고 있는 한 가족에 관한 이야기인데요. 50년이 넘은 구형 피아트 500cc 자동차를 사는 이야기에는 사실 제 경험이 담겨 있습니다. 이 자동차는 기계적으로 단순하지만 조작법이 지금 우리에게는 익숙하지 않은 것이어서 복잡하게 여겨집니다. 이 모델에는 파워 스티어링이 장착되지 않았고 더블 클러치를 사용했기 때문에 저 같은 기계치에게는 쉽지 않은 도전이었습니다. 게다가 차를 구입한 후 마을의 좁은 골목길로 들어와 콩알만 한 차고에 주차해야 했죠.

당시 차를 사서 처음으로 운전했던 이야기입니다. 저는 판매자와 이웃들에게 이런저런 방법을 구해 듣고 운전대를 잡았습니다. 하지만 더블 클러치를 조작하는 데 실패해 차고에 이르지 못했죠. 좁은 골목길에서 두 집을 사이에 두고 자동차를 삐딱하게 세워버리고 말았습니다. 마치 와인병 입구에 걸린 코르크 마개 같았습니다. 이 차를 빼내려 여럿이 힘을 모아야 했습니다.

간단히 말해 저는 정말 바보입니다. 이건 사실이에요. 평소에도 이런 일들이 일어나기 때문입니다. 자주 그럽니다. 되도록 행동을 하지 말고, 모든 것을 그냥 말로 해야 합니다.

나는 자동차에 올라타 골목길로 들어섰다. 하지만 이웃이 말한 대로 다시 후진했다. 날이 몹시 더웠고 피아트 500은 파워 스티어링 시스템이 아니었다. 더군다나 시동이 켜졌다 꺼지기를 반복했고 훈수 놓으며 젠체하는 구경꾼들 때문에 신경이 바짝 곤두섰다. 땀을 비처럼 쏟아내며 액셀을 밟았다가 기어를 바꾸기를 반복했다. 10분 정도 지나 결국 앞뒤 공간이라고는 하나도 없이 자동차로 골목길을 가로질러 막아버렸다. 뒤 범퍼는 피에트로의 집 담장에, 앞 범퍼는 이웃집 벽에 닿았다. 자동차는 코르크 마개처럼 골목길을 꽉 메워버렸다. 피아트 500을 차고에 넣으려 했던 우스꽝스러운 독일인을 영원히 기리기 위한 기념비 같았다.

제가 이 일화를 이야기했을 때 강연장은 웃음소리로 가득했습니다. 베르그송의 말을 빌려 저에게서 인간이 지닌 특성을 찾자면 무능하고 서투른 기계치의 면모입니다. 사실 초등학교 강당의 일화와 분위기도 비슷합니다. 제가 폭소의 대상이죠. 하지만 지금은 다릅니다. 관객들은 박수를 보내며 감사를 표했습니다.

우리는 삶에서 웃음의 대상이 되어야 하는 첫 번째 사람은 자신이라는 점을 이해할 수 있습니다. 물론 자신을 부끄러워하고 경멸하는 웃음이 아니라 베르그송이 말하는 웃음과 같은 의미로, 어떤 순간과 장소에서 자기 행동에 유연성이 없음을 인식하는 것입니다.

이것은 해방의 가능성을 뜻하기도 합니다. 초등학생 때 경험으로 미루어 보면 이미 자신을 비웃은 사람을 더는 비웃을 수 없기 때문입니다. 먼저 웃는 사람이 가장 잘 웃습니다. 웃음의 순간, 무겁게 짓누르던 삶의 진지한 무게가 가벼워집니다.

이는 다른 사람에게 그렇게 같이하자는 제안과도 같습니다. 다른 사람 모두 뻣뻣한 자신을 인식하고 그것에 대해 웃을 수 있음을 알죠. 그들이 저를 비웃을 때, 그들 또한 자신을 스스로 비웃는 것입니다.

또 다른 일화가 있습니다. 남들과 다르게 자동차로 출퇴근을 하지 않는 저 같은 남자에 대해 글을 썼습니다. 이야기에서 아들 이름을 루이스라고 했습니다. 아빠는 아들을 재우기 위해 저녁마다 루이스를 태우고 차를 몰았습니다. 그때마다 아이가 가장 좋아하는 가수 팔코Falco의 노래 〈탐정Der Kommissar〉을 들었답니다. 아시겠지만 저는 글을 지어냈습니다. 밤에 아들을 재우려고 실제로 차를 운전한 적은 없거든요. 그래도 말하자면 이 글은 비교적 현실과 가깝게 만들어졌습니다.

"죽지 말라고!" 팔코가 노래합니다. "탐정이 죽어가네. 그가 너에게 말했지. 이유를 안다면 모든 이에게 말하라. 너의 삶이 너를 죽이고 있다고."

제 이야기는 중간에 이렇게 전개됩니다.

나는 이 시간이면 자주 친구들과 모여 맥주를 마시곤 했다. 오늘은 부르노에게 전화가 왔다. 술집이 꽤 소란스러웠는지 소리가 배경음으로 다 들렸다. 그는 내게 올 수 있는지 물었다.

"지금 아들을 차에 태우고 운전 중이야. 아들을 재우려고."

"뭐… 뭘 한다고?"

브루노가 옆 사람에게 수군거리는 소리가 들렸다. "아들 태우고 운전 중이래. 재우려고." 커다란 웃음소리가 들려왔다.

남자가 집으로 돌아와 카시트에서 아이를 안아 올릴 때마다 아이는 잠에서 깨어나 다시 차를 타고 팔코의 노래를 듣자고 조릅니다. 처음부터 다시 시작입니다. 이야기는 남자가 여러 번 운전한 끝에 결국 아이가 잠들어 침대에 누이는 것으로 끝이 납니다. 부인이 남편에게 표정이 왜 그러냐고 묻습니다. 그러자 남자는 아주 짧게 대답합니다. "내 삶이 나를 죽이고 있어."

저는 이야기를 완전히 다른 식으로 쓸 수도 있었습니다. 더는 일을 하지 못할 정도로 피곤한 남자가 아내와 말다툼하고는 그가 상상했던 삶에 관해 넋두리하는, 한마디로 자기 연민에 빠진 애처로운 남자의 이야기 말입니다. 아마 이런 이야기가 더 현실적이고 실제에 가깝겠죠. 그런데 왜 그렇게 해야 할까요? 누가 그런 이야기를 읽으려 할까요? 누가 그런 이야기를 쓰고 싶어 합니까?

이 이야기는 무엇보다 어린 자녀를 둔 많은 부모가 공감할 수 있습니다. 왜냐하면 그들은 매일 밤 이 모든 일을 경험하기 때문입니다. '왜 아이가 잠을 안 자는 거야? 왜 안 자냐고. 도대체 왜?' 절망적이지만 다르게 보며 웃음이 나오기도 합니다. 언제나 그렇듯 웃음은 공동체를 만들지만, 다른 사람을 비웃는 것이 아니라 자신을 웃음거리로 삼는 공동체가 만들어집니다.

그리고 저는 그것을 유쾌하다고 말할 것입니다.

그건 그렇고 사람들이 자신과 다른 사람을 즐겁게 만드는 방법을 얼마나 많이 고안해 냈는지 생각하면 놀랍고 또 놀랍습니다. 코미디, 풍자, 유머, 만화 등이 있죠. 아주 오래 전 저는 독일 서부의 도시 빌레펠트Bielefeld에서 웃음 요가 수업에 참여한 적이 있습니다. 주말 동안 참가자들이 아무 이유 없이 그저 웃기만 하는 과정이었죠. 이에 대해서도 이야기해 보겠습니다.

7

좋은 농담의
조건

농담은 가장 널리 알려진 웃음의 형태일 텐데요,
마음 깊은 곳의 욕망을 충족시킵니다.
흥미롭게도 농담과 비교할 만한 일반적 유형이
감정 스펙트럼 반대편에는 존재하지 않습니다.

농담에 대해 말해보겠습니다. 농담은 가장 널리 알려진 웃음의 형태일 텐데요, 마음 깊은 곳의 욕망을 충족시킵니다. 흥미롭게도 농담과 비교할 만한 일반적 유형이 감정 스펙트럼 반대편에는 존재하지 않습니다. 누군가 이렇게 말한다고 생각해 보세요. "그거 알아요?"라고 말문을 트고는 사소하면서도 심장을 푹 찌르며 근거 없이 울음을 유발하는 슬픈 이야기가 나온다고 말이에요. 누구도 원치 않겠죠. 하지만 농담은 그렇지 않습니다.

저는 예전부터 인스타그램에서 배우 엘레나 울리그Elena Uhlig를 팔로우하고 있습니다. 그의 계정에는 '가벼운 1분'이라는 제목의 1분짜리 영상들이 있는데요. 이걸 상황극이라고 말해야 할까요? 어쨌거나 그 영상에는 새빨간 립스틱을 바르고 깃털이 달린 독특한 모자를 쓴 엘레나와 남자친구인 배우 프리츠 카를Fritz Karl이 함께 등장합니다. 남자친구는 피곤에 지친 모습이거나 이제 막 잠에서 깨어나 짜증 난 모습으로, 그의 표정은 언제나 지루합니다. 그는 헝클어진 머리로 여자친구가 풀어내는 웃긴 이야기를 듣습니다. 예를 들자면 이렇습니다.

> 있잖아, 한 부부가 식당에서 식사하고 있는데 남편이 음식을 흘린 뒤에 "아이고, 돼지처럼 보이겠네"라고 말했어. 그러자 부인이 이렇게 말하더래. "여보, 빨리 얼굴에도 좀 흘려."

저는 소파에 누워 이 영상을 보면서 울리그 씨처럼 배꼽이 빠지게 웃었습니다. 그는 자신이 펼치는 상황극의 배우인 동시에 최고의 관객입니다. 언제든 내놓을 수 있는 전염성 강한 웃음을 갖고 있으며 이야기를 성공적으로 전달하는 동시에 자신이 만들어낸 웃음에 스스로 감염되어 미친 듯 웃다가 몸을 던지거나 옆으로 넘어지곤 합니다. 옆에 있던 남자친구는 멍하니 눈을 끔뻑거리며 모든 광경을 지켜보다가 사라집니다. 어쩌면 그 농담을 알아듣고 웃을 만큼 잠에서 깨어나지 않았을 수도 있고, 아니면 농담이 재미없다고 생각했을 수도 있겠죠. 어찌 알겠습니까.

저는 이 농담을 제 아내에게 전했어요. 제가 너무 웃어서 웃음 포인트를 제대로 표현하지 못했는데도 아내 역시 진이 빠질 정도로 웃었습니다. 그렇게 저는 '가벼운 1분' 영상 다섯 개를 보고 계속 웃고 또 웃었습니다.

그러고 보니 울리그의 영상 중에 첫 번째로 본 농담이 기억나지 않네요. 첫 번째 농담에는 좋은 농담이 갖춰야 하는 재미가 담겨 있었기 때문이겠죠. 농담이 저의 내면과 연결점이 없다는 사실, 다시 말해 그 농담은 제 감정 상태와 전혀 맞아떨어지지 않는다는 점도 이유입니다. 웃기는 순간 정말 재미있는 나머지 웃음의 구성요소가 다 타버려, 바닥에 남은 새해 전야의 폭죽처럼 원래 뭐였는지도 모른 채 즐겁기만 합니다. 만약 농담과 감정적으로 연결되었다면 그 농담이 잊히지는 않았을 테죠. '가벼운 1분'은 정말 재미있습니다. 이제 다음 이야기를 해보겠습니다.

제 앞에 지크문트 프로이트Sigmund Freud의 『농담과 무의식의 관계Der Witz und seine Beziehung zum Unbewußten』가 있습니다. 프로이트 전집 중 여섯 번째 책으로 총 269쪽이고, 색인까지 합치면 285쪽에 이릅니다. 좀 피곤하고 일을 빨리 해치우려는 마음에 서둘러 책장을 넘기며 농담을 언급한 구문이나 문단을 찾고 있어요. 제발 좀 나왔으면 하는데…. 세상에, 제가 무슨 짓을 하는 걸까요? 농담을 찾아내려고 프로이트의 위대한 작품을 겉핥기로 넘겨 보고 있다니요. 양이 새로 자라난 풀만 쏙쏙 뽑아 먹는 것 같군요!

그중 몇 문장은 같은 운을 규칙적으로 반복해 대구를 이루는 것이 제법 훌륭합니다. 저는 이런 두음전환을 좋아해서 몇 가지를 기억하는데요. 그중 피아니스트 아르투어 슈나벨 Artur Schnabel의 이야기를 가장 좋아합니다. 그는 거의 강박적으로 운율을 맞춘 것으로 유명한데요. 한번은 등산을 하다가 짧은 바지를 입은 등산객에게 이렇게 말했다죠.

맨 무릎이 Nacktes Knie,

절대 깨지지 않나요 knackt es nie?

(독일어 발음이 유사한 두 문장이 대구를 이루는 두음전환의 예—옮긴이)

이걸 기억하다니 희한하네요. 보통 농담을 듣고 나면 그 자리에서 바로 잊어버리는데 이 두음전환은 잊히지 않습니다. 기억에 남는 다른 문구도 있어요.

그는 방울뱀을 질식시켰다Er würgte eine Klapperschlang'.
그의 방울이 딸깍거리는 소리가 들릴 때까지bis ihre Klapper
schlapper klang.

위의 문구는 하인츠 에르하르트Heinz Erhard의 책에 나온
것으로 기억합니다. 또 프로이트는 이렇게 말했습니다.

그 사람은 돈이 많았기에Und weil er Geld in Menge hatte.
항상 해먹에 누워 시간을 보냈다lag stets er in der Hängematte.

우디 앨런Woody Allen의 영화 〈애니 홀Annie Hall〉이 떠오릅
니다. 이 영화는 1977년 개봉했는데요. 당시 뉴욕 사람들은
자신의 신경증과 정신분석에 너무 집착했기에 앨런은 프로이
트의 이름을 입에 달고 살 지경이었습니다.

주인공 앨비 싱어는 결코 그런 클럽에 가입하고 싶지 않
다며 농담을 던집니다. "나 같은 사람들이 회원이라면 말이
야." 이 문구는 미국의 희극 배우 그라우초 막스Groucho Marx
의 말이라고 여겨지지만, 어쩌면 프로이트의 『농담과 무의식

의 관계』에서 나온 것일 수도 있습니다. 책을 샅샅이 살펴보니 이 문구는 프로이트가 아니라 그라우초 막스로부터 유래한 것으로 보이네요. 아니면 둘 다 아닐 수도 있겠죠.

인용 문구나 명언을 찾아 주는 인터넷 사이트 quote investigator.com에 따르면 1891년 발행된 《시카고 트리뷴 Chicago Tribune》에서 비슷한 내용의 재미있는 이야기를 찾아볼 수 있습니다. 존슨 씨와 퍼거슨 씨가 대화를 나눕니다.

존슨 씨, 기침이 더 심해지기 전에 생명보험에 가입하는 게 좋을 것 같소.

퍼거슨 씨, 저도 그러고 싶지만 가입 전 검사를 통과할 수 없을 것 같소.

괜찮소. 제가 심사위원이오. 내가 당신을 통과시키겠소.

그렇다면 퍼거슨 씨, 나는 보험증서에 서명하지 않겠소. 나를 위해 위험을 감수하는 회사와는 아무것도 하고 싶지 않소이다.

여기까지는 그저 사소한 이야기였습니다.

실제로 프로이트는 농담을 많이 했습니다. 거지 이야기를 예로 들겠습니다. 한 거지가 구걸하러 부잣집 계단을 오르다가 다른 남자를 만났는데, 그는 거지에게 올라가지 말라고 충고하죠. 부자가 오늘은 기분이 좋지 않아 '동전 한 닢도 주지 않는다'라면서 말입니다. 그러자 계단을 오르던 거지가 콧대 높게 나옵니다 "그래도 갈 거요. 내가 그에게 동전을 기부할 기회를 줘야 하지 않겠소? 그럼 그가 나에게 뭐라도 주지 않겠소?"

카를 발렌틴Karl Valentin의 또 다른 이야기를 살펴보죠.

한 신사가 제과점에 들어와 케이크를 주문했습니다. 점원이 케이크를 가져오자 대신 술을 한 잔 달라고 했습니다. 그는 술을 마시고는 돈을 내지 않고 제과점을 나가려 했습니다. 제과점 주인이 그를 가로막았습니다.

"왜 그러시죠?"

"술값을 내셔야죠."

"케이크로 대신하지 않았습니까?"

"케이크 값도 내지 않았잖아요."

"저는 케이크를 먹지도 않았어요."

『농담과 무의식의 관계』 초반에 프로이트가 하인리히 하이네Heinrich Heine에게서 발견한 이야기가 나옵니다. (혹은 다른 작가들이 하이네의 『루카의 목욕탕Die Bäder von Lucca』를 인용한 내용을 다룬 것일 수도 있죠.) 여기서 부자가 아닌 복권 판매상이자 티눈 관리사인 히르슈 히야킨트는 부자들과 좋은 관계를 맺고 있는데요. 로스차일드 남작이 그를 칭찬하고, 그는 마지막으로 이렇게 말합니다.

> 그리고 신이 나에게 모든 것을 주기로 약속했듯이 박사님, 저는 살로몬 로스차일드 옆에 앉아 있었고 그는 나를 마치 백만장자 같은 가족famillionär(사전에 없는 조어—옮긴이)처럼 대해주었습니다.

이것이야말로 프로이트가 반복해서 던지는 농담의 전형적인 유형입니다. 그의 농담 이론은 『꿈의 해석Die Traumdeutung』에 기반하며, 때로는 언어와 깊은 관련이 있습니다. 그는 언어적 연관성을 전체 맥락에서 묘사하지만 늘 쉽게 이해되지 않는데, 이는 가끔 의도적인 것으로 보이기도 합니다.

이러한 배경과 또 다른 맥락에서 프로이트는 비슷한 신조어를 만드는 언어유희를 좋아했습니다. 위의 이야기를 설명하려면 하이네의 이야기를 들여다봐야 합니다. 하이네는 양쪽으로 뿔이 난 사슴 히아신스로 자신의 모습을 희화화했습니다. 가난했던 그에게는 살로몬 하이네라는 함부르크에 사는 부자 삼촌이 있었는데, 그 때문에 한동안 고통받기도 했어요. 삼촌의 딸과 결혼하고 싶었지만 거절당했기 때문인데요. 하지만 언제나 '백만장자 같은 가족famillionär'으로 대우를 받았다고 합니다.

8

술과 좋은 친구와
농담의 공통점

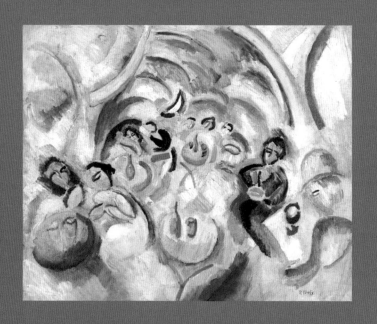

농담은 언제나 사회적 의미를 지닙니다.
누군가에게 농담을 하면
웃음의 공동체가 형성되죠.

『꿈의 해석』은 프로이트의 대표작 중 하나로 1899년 11월 4일에 출판되었습니다. 출판 당시 이 저술은 완전히 실패한 책으로 여겨졌죠. 600부를 제작했지만 1900년에 228부만 팔렸습니다.

프로이트는 이 책에서 정신분석의 기초 이론을 세웠습니다. 그는 꿈 분석이 영혼 세계의 무의식을 알 수 있는 최고의 길이라고 주장했지만, 당대 의학계 동료들은 이 이론을 결코 진지하게 받아들이지 않았습니다. 프로이트의 친구인 빌헬름 플리스Wilhelm Fließ는 이비인후과 의사였는데, 그는 이름과 어울리는 코 전문의(그의 성 플리스Fließ는 코 흘리다라는 뜻의 독일어 '플리센fließen'과 발음이 유사함—옮긴이)였죠. 그는 프로이트와 함께 획기적인 자기분석을 한 인물로, 『꿈의 해석』을 읽은 후 프로이트에게 편지로 서평을 보냈습니다. 편지에는 '기분 나쁜 농담'이 상당히 많습니다.

프로이트는 이렇게 답장했습니다. "확실한 것은 꿈꾸는 사람들은 정말 재미있다는 건데, 그들의 꿈은 나와 상관없고 어떤 비난도 하지 않아. 꿈꾸는 모든 사람은 하나같이 참을 수 없을 정도로 웃기지만 그들은 위기에 봉착해 있지. 왜냐하면 무의식의 세계에서 나가는 길이 막혀 한구석에 몰려 있기 때문이야." 사람들은 종종 설명할 수 없는 무의식 세계에서 얽히고설켜 제자리걸음만 합니다. 의식으로 향하는 문이 닫혀 있기 때문입니다. 그래서 명확하게 설명되는 길이 필요합니다. 정신분석으로 꿈을 해석하면 무의식의 혼돈에서 벗어날 수 있는 문이 열립니다. 프로이트는 계속해서 이렇게 썼습니다. "적어도 내가 받은 비난 덕분에 농담의 기법과 꿈의 분석을 서로 비교할 이유가 생겼네."

이러한 이유로 『꿈의 해석』이 출판된 지 5년이 지나 『농담과 무의식의 관계』가 세상에 나왔습니다. 물론 저는 이 책을 읽었지만 『세상의 모든 유머 모음집』만큼 쉽게 이해되지는 않더군요. 프로이트는 글을 잘 씁니다. 노벨상 후보에 34번이나 올랐어요. 생리의학상에 33번, 문학상에도 1번 후보로 올랐지만 상을 받지는 못했습니다.

그의 농담에는 하인리히 하이네의 농담이 보여주는 전형적 특성이 고스란히 담겨 있습니다. 언어유희를 즐기며, 문장에 의미가 간결하게 압축되고, 의미가 와전됩니다. 일반적인 생각으로는 짐작할 수 없는 반전 요소, 특히 농담이라는 형식이 아니라면 작동하지 않는 특정 형식도 찾아볼 수 있죠. 프로이트는 이것이 꿈에서 일어나는 일, 이를테면 무의식의 기원과 유사하다고 생각했습니다. 복권 판매상은 이러한 배경지식이 없었기 때문에 의도치 않은 단어를 사용하여 진실을 말했고, 그에 따라 프로이트의 오류Freud'sche Fehlleistung(화자의 생각이 무의식적으로 드러나는 실수—옮긴이)라는 개념이 도출되었습니다. 의식 수준에서는 우스꽝스럽고 이상하고 무의미해 보일 수 있지만, 무의식과 연결하면 의도하지 않은 진술에 의미가 담겼음을 알 수 있습니다.

무의식의 기원은 프로이트에게 농담의 의미를 깨닫게 도왔습니다. 억압과 강제를 돌려 말해 순간적으로 재미를 유발하고 웃음이 터지게 만드는 것이죠. 프로이트의 용어로 말하자면 심리욕구충족Lustgewinn이라고 합니다. 프로이트에 따르면 농담에서 재미를 느끼는 사람 또는 농담하거나 비웃는 사람은 "억누르려는 노력을 아껴서" 즐거움을 얻는다고 합니다. 이를 좀 더 현대적인 방식으로 표현하면 다음과 같습니다. 여러분은 농담 덕분에 애쓰지 않고 에너지를 아낄 수 있습니다. 무엇보다 외설스럽거나 공격적인 내면 깊은 곳의 욕구가 올라올 때 이를 농담으로 표현함으로써 사회 관습과 강박적인 규율을 지켜야 하는 노력과 에너지를 절약할 수 있습니다. 마음의 무게를 덜어낼 수 있죠.

공격성과 관련한 사례를 독일의 문헌학자인 볼프강 프라이젠단츠Wolfgang Preisendanz의 짧은 책『농담에 관하여Über den Witz』에서 찾았습니다. 이 책은 1970년에 출판되었는데, 그가 콘스탄츠대학교에 취임할 당시의 강의 내용을 담았습니다.

조지 버나드 쇼George Bernard Shaw가 윈스턴 처칠Winston Churchill에게 자신의 희곡 초연의 초대권 두 장을 보냈습니다 "내 연극을 보러 오십시오. 친구와 함께 와도 좋고요." 처칠은 이렇게 답했죠. "저는 둘째 날에 가겠습니다. 두 번째 공연이 있다면 말이죠."

참고로 농담은 언제나 사회적 의미를 지닙니다. 누군가에게 농담을 하면 웃음의 공동체가 형성되죠. 물론 아닐 수도 있습니다. 웃겨 죽겠다는 농담도 재미없다고 생각하는 사람은 언제나 있으니까요. 하지만 농담이 사회적 관계를 멀어지게 하지는 않습니다. 무엇보다 농담하는 순간에는 더욱 그렇죠. 같이 웃을 수 있다는 점은 매우 중요한 사항입니다. 좋아하는 농담을 던졌는데 상대의 눈빛이 멍해지는 것을 목격한다면 서로를 갈라놓는 심연이 무엇인지 알게 됩니다.

하지만 여기서 저는 농담 이론이나 웃음의 철학에 빠져들지 않으렵니다. 똑똑한 사람들이 연구했더라도 말이죠. 기본적으로 우리가 관심을 가지는 것은 유머와 코미디 자체입니다. 농담에 관한 이론을 설명하는 것은 마치 한 달 내내 제대로 된 음식을 먹지 못한 사람에게 유명한 요리사인 에카르트 비치히만Eckart Witzigmann의 요리책을 읽어 주는 것과 같죠. 그런데 배꼽 빠지는 농담도 열 번쯤 듣고 나면 왜 지루해지는지 이유는 알고 싶네요.

농담이 초콜릿이나 술 한잔처럼 순간의 즐거움을 위한 것이라는 사실과 관련이 있을까요? 많이 먹으면 속이 메스꺼워지듯 계속해서 관습의 선을 넘는 것을 참을 수 없는 걸까요? 제 답은 이렇습니다. 이제는 아는 감정이 반복되어 더는 놀랍지 않기 때문입니다. 농담은 놀라워야 꽃을 피웁니다.

이러한 이유로 저는 농담이 삶의 진지함에서 벗어나도록 해주는 훌륭한 수단이라고 생각합니다. 하지만 이것이 우리를 멀리 데려다주지는 않습니다. 이 길을 간다고 유쾌한 사람이 되지는 않고, 잠시 서서 농담을 듣는 순간의 기분을 느끼는 것이죠. 본질적으로는 약효가 빠르게 나타났다 사라지거나 아예 나타나지 않는 것과 마찬가지입니다.

개인적으로 술이 이와 비슷하다고 생각합니다. 저는 청소년과 청년 시절에 삶이 요구하는 많은 것을 성취해야 한다는 압박을 극복하지 못했고, 이를 회피하려는 시도를 반복했습니다. 술을 마신 날에는 매우 효과적이었지만 근본적으로 무의미했죠. 다음 날 모든 것이 제자리로 돌아왔고, 피로감과 지끈거리는 두통으로 고생했고, 때로는 공황장애가 오기도 했으니까요. 삶의 두려움은 원칙적 규율로 억제했지만, 술을 마시면 분노한 개가 목줄을 끊고 달려 나가듯 순간적으로 모든 심리적 압박에서 벗어날 수 있었습니다.

이를 깨닫고 난 후 저는 술을 한두 잔 이상 마신 적이 없습니다. 그 정도면 기분 좋게 취하죠. 마치 농담이 저를 유쾌하게 만들고 좋은 친구들과의 연대감이 저를 기분 좋게 만드는 것처럼 말이에요.

하지만 이 세 가지조차도 저를 유쾌한 사람으로 만들지는 못했습니다.

9

억지로라도 입꼬리를
올려보세요

미소는 내면과 외면에 모두 영향을 미칩니다.
미소를 보여주는 사람과 그 미소를 보는 사람
모두 유쾌해지죠.

웃음 요가는 과연 무엇일까요?

저는 새로운 세기가 시작된 2000년에 빌레펠트에서 열린 〈윌리엄과 함께하는 웃음 훈련Lachträning mit William〉 과정에 참여했습니다. 그 경험을 바탕으로 에세이 『독일 앨범 Deutschlandalbum』을 집필했어요. 윌리엄은 담당 트레이너였습니다. 그의 정확한 이름은 빌헬름 아우구스트 드룩스Wilhelm August Drucks입니다. 웃음 훈련 과정 이름을 〈빌헬름과 함께〉, 〈아우구스트와 함께〉, 〈드룩스와 함께〉로 붙이자니 어딘가 어색합니다. 〈드룩스와 함께하는 웃음 훈련〉은 더욱 이상하네요. 윌리엄이 잘 어울립니다.

이 과정에 참가한 인원은 일곱 명으로, 윌리엄까지 총 여덟 명이었습니다. 그는 웃음이 얼마나 건강한지 알려줬어요. 면역 체계를 강화하고 스트레스를 줄이고 행복 호르몬을 방출해서 긴장을 없앤다고 말이죠. 이런 이유로 사람들이 외부의 특정 자극 없이 내면에 잠재하는 웃음을 스스로 방출하는 법을 배워야 한다고 말했습니다. 그의 목표는 웃음 요가를 발명한 인도 의사 마단 카타리아Madan Kataria의 가르침에 따라 체액 순환을 원활하게 하는 것으로, 이를 '내면의 순환'이라고 설명했습니다.

훈련이 시작됩니다. 우선 입꼬리를 위로 올립니다. 눈썹도 마찬가지고요. 팔은 위로 올려 쭉 뻗고 손바닥을 폅니다. 좋은 느낌이죠?

어렸을 때 윌리엄의 아버지는 그에게 군대에서 있었던 이야기를 해주었습니다. 담당 부사관이 병사들 앞으로 와 큰 소리로 물었습니다. "독일군은 어떻게 웃는가?" 부대원들은 일제히 "하!"라고 소리쳤대요.

그걸 지금 우리가 해야 합니다. 물론 군인이 아니라 민간인의 방식으로 말이죠. 우리는 팔을 바깥쪽으로 세 번 내밀었고 그때마다 "하!"라고 외쳤습니다. 네 번째는 윌리엄의 지시에 따라 크고 길고 자유롭게 웃음을 터트렸습니다.

웃음 훈련은 이렇게 진행되었어요. 윌리엄이 우리를 향해 먼저 따듯하고 유쾌하고 큰 목소리로, 웃음을 터트리면 우리도 따라 웃었습니다.

그러고 나면 윌리엄이 초록 바탕에 노란 글씨로 적힌 판을 보여줍니다.

히히히
호호호
하하하

이때 어느 축구 감독의 이야기가 떠올랐습니다. 팀이 경기에서 처참하게 패하고 난 뒤 그가 로커룸에서 공을 위로 치켜들고 말했습니다. "이것 봐, 우리는 처음부터 다시 시작해야겠어. 이게 바로 공이라는 거야." 이내 로커룸은 조용해졌습니다. 그러자 뒤쪽에서 누군가 이렇게 말했습니다. "저, 혹시 다시 보여주실 수 있나요?"

웃음 요가는 계속되었습니다. 큰 소리로 '히히히' 하며 손뼉을 치고 '하하하' 하며 같은 그룹 사람들과 손을 마주칩니다. 그러고 나면 '호호호' 하며 검지로 다른 사람들을 장난스럽게 가리키며 웃어요.

빌레펠트에 저를 아는 사람이 없어서 정말 다행이었죠.

우리는 계속해서 여러 훈련을 했습니다. 하늘로 뛰어오르는 웃음을 배웠습니다. 이건 손바닥으로 바닥을 치고 몸을 하늘로 날리며 웃는 거예요. 그러고 나서는 잔디깎이 웃음을 수행했습니다. 왼팔을 앞으로 쭉 뻗고 오른팔도 똑같이 합니다. 잔디깎이에 시동 거는 고리를 잡아당기는 시늉을 하면서 부릉 소리를 냅니다. 이렇게 세 번 소리를 내고 네 번째에 웃습니다. 그리고 각자 자기 모습에 웃기 시작합니다. 조금 이상한 느낌이 들기도 했죠. 점심시간이 지난 오후, 빌레펠트 공원에서 스스로를 비웃기로 했는데요. 생각보다 순조롭게 진행되었어요. 여덟 명이 잔디밭에 둥그렇게 서서 자신을 비웃었는데 거의 멈출 수가 없을 정도였습니다. 가끔 지나가던 빌레펠트 주민들이 황당한 표정을 짓기도 했죠.

마지막으로 우리는 잔디밭에 등을 대고 누웠습니다. 그리고 각자 다른 사람의 배에 머리를 얹었어요. 그렇게 웃음 카펫을 만들었죠. 10분쯤 끝없이 웃었습니다. 지금껏 살면서 가장 어처구니없이 우스꽝스러운 일이었지만, 할 만했습니다.

이틀 동안 이 모든 과정을 거치며 짜증 나는 순간도 있었고 재미있는 순간도 있었습니다. 드룩스 씨는 이 문제를 근본 질문으로 삼아 여러 번 이야기했습니다. 세상을 심각하게만 바라보는 사람을 넘어, 언젠가 유쾌한 사람이 더 많아

질 것이라고 말이죠. 그는 많은 독일인처럼 이 문제에 대해 철저하게 고찰했습니다. 심장에 문제가 있거나, 치질이 있거나, 고혈압이나 디스크 문제가 있는 사람은 웃는 걸 조심해야 한다고 하면서, 운전하다가 웃음을 터트리는 것도 위험할 수 있다고 지적했습니다. 저는 웃음 훈련에 참여했던 사람들과 그들의 노력 모두에 감동을 받은 후 빌레펠트에서 돌아왔습니다.

한편으로 제가 글에서 썼듯이 드룩스 씨의 주장은 사실입니다. 우울한 성향이 있는 사람이 단순히 입꼬리를 올린다고 당장 기분이 좋아진다고 할 수는 없죠. 하지만 그 행동은 자신과 다른 사람에게 좋은 기분을 일으킬 수 있어요. 꼭 해보세요. 매일 아침 거울 앞에 서서 1분 동안 살짝 입꼬리를 올려 미소 지어 보세요. 저는 오늘도 그렇게 했습니다. 효과가 좋습니다.

미소와 웃음은 비슷합니다. 이 두 가지를 곧바로 구분해서 사고하는 건 쉽지 않죠. 미소는 때로는 가면 같아서 누군가는 특별한 의무감 없이 모자처럼 쓰고 벗을 수 있습니다. 가끔은 빈틈이라고는 하나도 없는 냉정한 느낌을 주기도 합니다. 공포 영화 〈샤이닝Shining〉에 출연한 잭 니컬슨Jack

Nicholson의 미소처럼 온몸의 피가 얼어붙는 듯한 오싹한 느낌을 주기도 합니다. 반대로 미소가 지닌 본래 의미대로 달라이 라마처럼 여유롭고 친근한 마음을 드러내기도 하죠.

『장미의 이름』에서 앞을 못 보는 사제 호르헤가 이렇게 외쳤습니다. "웃음은 두려움을 몰아낸다." 그렇다면 미소는 어떤가요? 숀 코너리가 연기한 윌리엄 사제는 웃지 않고 거의 언제나 미소 짓습니다. 윌리엄은 프란치스코회의 사제였는데, 미소는 이 수도회를 창설한 아시시Assisi의 대표적인 특징입니다. 그는 사제들에게 "어떤 고통에도 여러분을 괴롭히는 이들을 미소 짓는 얼굴로 대하기를 바랍니다"라고 전했습니다.

그렇다면 미소가 두려움을 이길 수 있을까요? 적어도 미소는 두려움을 물리친 사람의 표정이라는 뜻일까요? 어떤 의미든 미소는 삶의 굴곡에 흔들리지 않는 사람을 표현하는 방식인 듯합니다. 미소는 유쾌한 사람의 얼굴에서 늘 보이죠.

저는 강의를 하면서 가끔 제 앞에 있는 청중의 표정을 봅니다. 그들의 얼굴에는 웃음, 미소, 집중력, 몰입, 열린 마음, 호기심, 상황과 책 내용에 따라 변하는 진지함 등이 고스란히 나타나죠. 날이 저물면서 얼굴에 미소를 잃어가는 사람들도 있습니다. 가끔은 집중해서 미소를 지으려 노력하기도 하죠. 그런 걸 보면 미소가 두려움을 이기는 게 가능할 것도 같은데요…. 결국 입술과 눈과 볼에서 억지로라도 미소를 지을 수 있을 때 저는 행복합니다.

하지만 언제나 그런 건 아니에요.

그럴 때면 저에게 어떤 일이 있었는지 생각해요. 수십 년 전 아내를 막 만나기 시작했을 때, 아내는 가끔 제 앞으로 와서 저에게 미소를 보였습니다. 그러고는 검지를 제 입가 양쪽에 각각 두고 위로 올려 얼굴에 미소를 그렸습니다. 덕분에 제가 무의식적으로 입꼬리가 내려간 표정을 한다는 것을 알았고, 제가 강의하며 청중들을 바라볼 때도 비슷하다는 사실을 깨달았습니다. 입꼬리가 올라가는 대신 내려간 표정이라는 사실을요.

1962년 제임스 크뤼스James Krüss의 『팀 탈러, 팔아버린 웃음Timm Thaler oder Das verkaufte Lachen』이 출판되었습니다. 소설은 소년 팀 탈러가 사악한 남작과 계약을 맺으며 시작됩니다. 팀은 남작에게 웃음을 팔고, 그 대가로 살면서 모든 경쟁에서 이길 것이라는 보장을 받죠. 그런데 실제로 삶이 그렇게 바뀌었지만 팀은 전혀 행복하지 않습니다. 소설은 자신의 웃음을 되찾기 위한 팀의 고군분투를 그립니다.

여러분 중에도 이와 비슷한 상황인 분이 있지 않나요?

미소를 팔았나요? 그 대가로 무엇을 얻었습니까? 결국 포기했나요? 아니면 매일의 삶을 견디느라 힘에 부쳐 미소를 잃어버렸나요? 아니며 무심코 잊었습니까?

윌리엄의 웃음 훈련 같은 것은 어떤가요? 이유 없는 웃음은요? 솔직히 말하자면 그 훈련을 할 때 이상하리만치 감동적이었고 특이하리만치 긴장되었습니다. 그렇다면 괜히 미소 지으면 어떨까요?

저는 지난 몇 년에 걸쳐 사람들을 만날 때 미소 짓는 데 조금씩 익숙해졌어요. 그다음에는 혼자 있어도 제 표정을 생각하는 습관이 생겼습니다. 미소는 내면과 외면에 모두 영향을 미칩니다. 미소를 보여주는 사람과 그 미소를 보는 사람 모두 유쾌해지죠.

미소는 연쇄 반응을 일으킵니다. 여러분이 누군가에게 미소를 지으면 그 사람도 미소를 지을 것입니다. 그렇게 세상에 미소가 퍼져 나가죠. 그러니 우리는 꼭 그렇게 해야 합니다. 이것이 삶을 위한 조언이며 더 나은 일상을 위한 팁입니다.

지금은 그냥 웃어넘기겠습니다.

10

고통을 피하고
불쾌한 현실을
우회하는 방법

인생이라는 길을 가다 보면 분명 갈림길이 나옵니다.
그곳에서 눈물의 길로 향할지
웃음의 길로 향할지 선택해야 하죠.

잡지를 넘겨 보고 있습니다. 영국 극작가 피터 유스티노프Peter Ustinov가 한 말이 마음속에 맴도네요. "유머는 단지 진지함을 표현하는 재미난 방법일 뿐이다." 참으로 멋집니다. 참으로 타당한 말입니다. 그런데 뭐가 맞을까요? 그리고 어떻게 맞는다는 걸까요?

빵집에 갔습니다. 커피를 마시며 일할 수 있는 자리를 잡은 후에 주문하러 갔습니다. 이른 시간이었고 종업원은 이제 막 영업을 시작했는지 금전등록기를 작동시키는데 제대로 되지 않았습니다. 그는 한숨을 내쉬었습니다 "오늘 하루가 정말 즐겁겠는데요."

이 말에 프로이트의 농담이 떠올랐습니다. 『꿈의 해석』의 끝부분에 나오는 농담으로, 1927년 한 에세이에서 이를 다시 언급하기도 하죠. 월요일에 교수대로 끌려가는 범죄자에 관한 농담입니다. 사형수가 사형장으로 가는 길에 이렇게 말합니다. "한 주가 멋지게 시작되네요."

프로이트는 이 문장에 담긴 죽음에 대한 유쾌한 경멸과 유머의 개념을 연결했습니다. 그는 우선 농담에 관해 이야기한다고 썼습니다. 하지만 농담이 되기 위해서는 절망적 상황에 이르러 익살스럽게 억지 농담을 하는 범죄자의 이야기가 필요했습니다. 그러고는 이렇게 이어 나갔습니다. "그 상황과 전혀 상관없는 나는 범죄자의 유머러스한 허세에 텔레파시가 통하는 듯한 충격을 받았다. 나도 그와 비슷하게 즐거움을 준 승리감, 심리적 욕구의 충족감을 느낀다."

프로이트는 제가 인용한 미하엘 티체의 『유머의 치유력』에 나오는 두 이야기에서도 비슷한 즐거움을 느꼈을 것입니다. 첫 번째 이야기는 사형수 한 명이 전기의자에 묶여 있습니다. 교도소장이 그의 마지막 소원이 무엇인지 묻습니다. 그러자 이렇게 대답합니다 "제 손을 잡아주신다면 좋겠습니다." 두 번째도 사형수 이야기입니다. 한 사형수에게 사형 집행 전 최후 발언을 할 기회가 주어졌습니다. 그러자 그는 사형 집행인에게 이렇게 말합니다. "이 모든 것이 저에게 교훈이 될 것이라고 판사에게 전해주십시오."

유머의 힘이라고요? 어디를 보고 그렇게 말할 수 있을까요? 사람들은 이렇게 말할 수 있습니다. 이는 운명을 무시하는 것, 아니 운명 앞에서 죽음을 조롱하는 것이라고요. 죽음을 향한 두려움이 얼마나 유쾌함과 관련되어 있는지에 관한 서두의 질문이 떠오릅니다.

여러분은 인생이 바로 이런 것이라며 흥미로워합니다. 특정 상황에서 만들어진 모든 부정적 감정을 스스로 피하고 대신 프로이트가 책에서 말한 행복감, 다시 말해 다른 어떤 것도 아닌 가장 순수한 기쁨을 찾아낸다고 말합니다. 아름다운 문장을 인용하자면 그는 "마음을 억지로 쓰지 않아도, 재미와 재치가 무엇인지 몰라도, 행복하기 위해 유머가 없어도 괜찮았던 어린 시절의 기분"이라고 했습니다.

인생이라는 길을 가다 보면 분명 갈림길이 나옵니다. 그곳에서 눈물의 길로 향할지 웃음의 길로 향할지 선택해야 하죠. 적어도 미소의 길이라도 갔으면 합니다.

프로이트는 그 순간 올바른 길을 선택하는 결정, 다시 말해 고통을 초월하는 결정이 유머의 힘이라고 했습니다. 이런 이유로 유머는 농담이나 코미디처럼 잠시나마 해방감을 줄 뿐만 아니라 "위대하고 희망 가득한 무엇"이라고요.

프로이트는 계속해서 우리에게 이렇게 전합니다. "위대

함이란 분명 무적의 자아가 승리한다는 나르시시즘의 승리를 말한다. 자아는 여러 현실적인 이유로 괴로움과 고통을 느끼지만, 이를 부인하며 외부 세계의 트라우마는 자신에게 어떤 영향도 미칠 수 없다고 주장하면서, 오히려 이것이 단지 기쁨을 얻어낼 기회라고 생각하는 것이다."

프로이트에 따르면 유머는 고통을 피하고 불쾌한 현실을 우회하는 방법입니다. 고통에 대한 강박에서 도망가려고 정신이 개발한 다른 방법들, 예를 들어 정신 분열로 치닫는 신경증, 환각, 자기도취, 자아를 잊는 황홀경 등과 달리 정신 건강을 해치지 않습니다.

이를 더 깊이 이해하기 위해 프로이트 자아 개념의 핵심인 초자아Über-Ich를 간략히 살펴보겠습니다. 초자아는 종종 엄격한 권위이자 부모가 물려준 문화로 해석됩니다. 저 위에서 성인의 자아를 마치 어린아이 대하듯 다루죠. 프로이트가 여기서 말한 '유머러스한 태도'는 이 냉정한 초자아가 감시자 역할에서 갑자기 다른 역할로 바뀌는 것을 말합니다. 더는 '엄격한 주인'이 아니라 사랑스럽고 위안을 주는 부모에게 바라는 태도를 말합니다. 프로이트는 "보라, 그저 위험해 보이는 세상일 뿐이다. 어린 시절의 장난을 치거나 농담을 하나 던지는 것은 매우 바람직하다"라고 말합니다.

유머에는 농담과 희극에서 느껴지는 번갯불 같은 강렬함은 없습니다. 웃음이 터져 나오는 표현 형식도, 유머를 들어줄 상대도 필수적이지 않죠. 뭔가를 말하고 웃기게 할 대상이 필요 없어요. 사형수가 형장으로 가는 길에 한 말은 표면적으로 농담인 듯 들리지만, 이는 오히려 현실의 부당함에 대한 반항적 태도를 드러냅니다.

유머는 한 인간의 내면에 있습니다. 자기 자신과 세상을 향한 태도와 관계 있죠. 농담이 만들어내는 것은 농담한 사람의 내면에서 일어나는 일을 고스란히 드러내는 복사본 같습니다. 농담은 내면의 가능성을 깨닫고 내면을 배우는 과정의 시작점일 수도 있습니다. 프로이트에 따르면 이는 누구에게나 주어지지 않는 태도로, "귀중하고 희귀한 재능"입니다.

그렇다면 내면에 잠재된 재능을 키우기 위해 우리는 무엇을 해야 할까요? 아마도 우리가 지금 하는 일, 그것을 이해하는 것이 우선일지도 모르겠습니다. 아마도 여러분은 농담이 우리가 말하는 유쾌함이라는 개념과 별 관련이 없고, 오히려 유머가 유쾌함과 훨씬 더 밀접하다고 생각할 것입니다. 끊임없는 농담은 불쾌하고 지루하고 무관심하고 진부한 감정을 불러일으키며, '나와 무슨 상관인데?'라는 생각으로 쉽게 잊힙니다.

하지만 좋은 유머는 누군가 살아가는 시대에서 시작되어 그것을 다루며, 그 시대의 삶에 대한 반응을 보여줍니다. 유머는 시대의 고통과 연결될 때 위로가 될 수 있습니다.

그렇기에 유머 감각은 언제나 웃기는 것을 뜻하지 않습니다. 반대로 항상 웃기던 사람이 유머 감각이라고는 하나도 없을 수 있습니다. 농담을 여러 번 성공하고도 어쩌다 웃어주지 않으면 불쾌해하는 농담꾼들도 있습니다. 그 농담이 현재 기분과 아무 관련이 없기 때문이죠. 어떤 술꾼은 다른 사람과 술을 마시면 술맛이 떨어지고 빠르게 취하지 못한다며 혼자 마시는 것을 좋아합니다.

삶의 진중함을 숨기거나 억누르거나 밀어내고자 하는 유쾌함도 있습니다. 이러한 유쾌함은 여기서 말하는 것과는 결이 다릅니다. 우리는 삶을 진지하게 다루는 매우 구체적인 방법을 이야기하고 있습니다.

우리는 우스꽝스러운 것들을 진지하게 다룹니다.

11

유쾌함이
머무르지 못하는 곳

작은 실수에 대해 거의 미소를 보이지 않고,
서로를 대할 때 관용도 거의 없으며,
여유조차 없는 이유는 무엇입니까?

"아르민 라셰트Armin Laschet 알지?" 친구가 물었습니다. "물론이지, 왜?" 아르민 라셰트는 2021년 독일 연방선거에서 연방총리 후보로 출마했습니다. 당선 가능성은 희박했죠. 애초에 그는 인기가 별로 없었습니다.

그해 7월 집이 떠내려가고 사람들이 사망하는 홍수가 발생했습니다. 이틀 뒤 그는 연방대통령 프랑크발터 슈타인마이어Frank-Walter Steinmeier와 함께 노르트라인베스트팔렌주의 에르프트슈타트Erftstadt에 방문했어요. 그는 그곳에서 짧은 연설을 했는데요.

"그 사람 웃었잖아." 저는 친구에게 이렇게 대답했습니다. 맞습니다. 그의 총리 후보 자격은 그렇게 끝났습니다. 사과문을 내놓아도 더는 어찌할 방법이 없었습니다. 그날 이후 여론조사 결과는 폭락했어요. 최악의 선거 결과가 나왔습니다.

이 모든 일은 웃음 때문이었습니다.

물론 이렇게 단정적으로 말하기는 어렵습니다. 많은 이는 라셰트가 그 자리에 적합하지 않고, 어딘지 모르게 진중함이 없는 경박한 사람이라고 평가했습니다. 홍수 재해 지역에서 웃고 있는 라셰트의 사진이 결정타를 날렸죠. 그는 어려운 시기에 그저 웃었을 뿐입니다. 그렇죠? 그런데 그는 왜 웃었을까요?

친구는 사람들이 당시의 사실관계를 잘 모른다고 설명했습니다. 라셰트는 연방대통령이나 홍수 피해자들을 보고 웃은 게 전혀 아니었습니다. 친구는 라셰트가 그의 측근과 대통령에게서 떨어져 홀로 있던 바람에 제대로 소통할 수 없었고, 또 자신이 사진기자들의 카메라에 포착된 것을 몰랐다는 이야기를 어딘가에서 읽었다고 말했습니다. 당시 라셰트는 슈타인마이어 대통령을 "연방대통령" 대신 "씨"라고 말하는 지역 행정관을 농담으로 비난했습니다. 이에 지역 행정관은 "연방대통령도 당신만큼 키가 작다"며 이에 놀랐다고 대답했죠. 라셰트는 그 대답에 웃음을 보였는데, 그때 웃은 사람은 라셰트만이 아니었습니다. 정말 뭔가 어긋난 것이죠.

친구는 다른 관점에서 이야기했습니다. 긴장을 풀기 위

해 웃기도 한다는 것이죠. 지역 행정관에 관한 이야기가 사실이라면 이는 매우 환영할 만한 자조적인 농담일 것입니다. 장례식에서 웃는 사람도 있지만 그런 행동이 정말 나쁜 것은 아닙니다. 저는 당시 사람들의 반응이 우려되었습니다. 무자비하고 파괴적이었죠. 라셰트의 반대편 후보조차도 라셰트가 연방대통령이나 홍수 피해자를 보고 웃었다고 믿지 않았습니다. 어쩌다 웃음이 선거를 결정하는 시대가 되었을까요?

어쨌든 저는 친구에게 당시 특정 장소의 특정 사람들이 지금 힘든 시기를 보내고 있다고 말했습니다. 라셰트의 웃음만이 문제가 된 것은 아닙니다. 기후위기 시위에 참여했지만 동남아행 비행기를 예약한 청년 두 명에게 어떤 일이 일어났습니까? 베를린 녹색당의 최고 후보자 베티나 야라슈Bettina Jarasch가 대표자 회의에서 어릴 때 꿈이 무엇이었냐는 급작스러운 질문에 "인디언 추장"이라고 답한 이후 정말 어이없게도 얼마나 많이 고개를 숙여 사과해야 했나요?

오늘날 트위터에 올린 경솔한 문구 하나로 평생의 성취와 상관없이 경력이 끝날 수도 있는 현상이 옳은 걸까요? 함께 사는 세상에서 잘못을 말하지 않고 조심스러워하며 두려움에 움츠러들어야 합니까? 반인종주의, 기후위기, 평등, 배려와 같은 올바른 명분이 때로는 청교도적인 자기 확신으로 강요된다는 사실은 어떻습니까?

이 모든 일의 공통점은 다음과 같습니다. 먼저 이는 정말로 정치적인 것이 아니라 개인의 행동에 관한 것입니다. 마치 정치가 아니라 이런 행동이 세상을 바꿀 수 있는 것처럼 말해지는 것이죠. 두 번째로 이처럼 개인의 행동을 판단할 때 무자비하고 비타협적인 태도가 눈에 띄는 것이 지금의 시대와 이전 시대를 구별하는 특징이 되었습니다. 라셰트의 웃음도, 두 청년의 여정도, 야라슈의 발언도 대중이 전혀 알 수 없는 시절이 있었습니다.

우리는 이미지의 시대에 살고 있습니다. 이미지가 넘쳐나는 소셜미디어의 시대입니다. 미디어에서 되돌아오는 것은 관대함과 평온함이 아니라 오히려 분노, 고발, 처벌의 요구입니다. 그리고 이러한 감정은 발 디딜 틈 없는 디스코텍에서 퍼지는 바이러스처럼 페이스북, 트위터 그리고 다른 소셜미디어로 퍼져 나갑니다. 이는 결코 우리 사회 대다수가 느끼는 감정이 아닙니다. 하지만 자주 분위기를 압도합니다. 라셰트를 두고 "그가 적절하지 않은 곳에서 웃긴 했지. 그게 그렇게 중요한가?"라고 말했다면, 발리를 여행한 청년들을 "일관성 없는 철부지들이군"이라고 생각했다면, 야라슈에 대해서 "맙소사, 말이 잘못 나온 것뿐이야. 다들 진정하라고"라고 했다면 분위기는 잠잠해졌을 수도 있겠죠. 그러나 유쾌함과 비슷한 평정심은 큰 소리를 이겨낼 재간이 없습니다. 어떻게 침착하게 소리 지를 수 있을까요?

프로이트에 대해 마지막으로 이야기해 보겠습니다. 그는 유머의 도움으로 초자아를 엄격한 통제자가 아닌 사랑스럽고 위안을 주는 존재로 인식하게 된 점이 매우 흥미로웠다고 글을 썼습니다.

오스트리아 철학자 로베르트 팔러Robert Pfaller는 오늘날 많은 사람이 초자아의 따듯하고 유머러스한 측면을 잃어버렸다고 말합니다. 폭압적이고 냉담하고 건조한, 더 직접적으로는 유쾌하지 못한 통제에 놓여 끝없는 압박을 받고 있다고 말이죠. 팔러에 따르면 유머는 "높은 위치에서 자신을 내려다보면서 초자아의 관점에서 스스로의 어리석음, 서투름, 실수, 무취향 등을, 이 외에도 자기 규율을 지키지 않는 태도까지도 사랑스럽게 웃어줄 수 있는 능력이다"라고 말했습니다. 그리고 사람들은 자신에게 더는 이런 식으로 대할 수 없기에 다른 사람에게도 똑같은 잣대를 댑니다. 그렇죠?

우리는 동일한 사회에 살지 않기에 이렇게 말하는 것 또한 쉽지 않습니다. 대도시 젊은이들에게 중요한 것이 지방

등 다른 환경의 또래에게 별로 중요하지 않기도 합니다. 비건 음식을 조롱하고 때로는 어리석고 자기도취적인 방식으로 성평등 용어를 비난하는 바이에른주 출신 배우 모니카 그루버Monika Gruber는 니더바이에른Niederbayern 지역에서는 환호받을지 몰라도 베를린에서는 공연 기회를 거의 얻지 못합니다.

다양성과 포용성, 젠더에 관한 토론 시간이 다가왔군요. 많은 시골 마을에서 이 주제는 단지 외부 세계의 소음일 뿐입니다. 문제는 이러한 현상이 나쁜지 아닌지입니다. 논의는 둘째치고, 소셜미디어에서 거론되는 이야기를 모두가 현실로 받아들인다고 여겨서는 안 됩니다. 많은 사람이 영향을 받지만, 전혀 영향을 받지 않는 사람도 있습니다.

소셜미디어가 우리 삶의 큰 부분을 차지하는 것은 현실입니다. 라셰트의 경력은 웃음 사건 이후 끝났죠. 그는 세상이 무자비하다고 느꼈습니다. 이 경우에는 그의 생각이 맞을지도 모르겠어요. 높이 오르고 싶다면 산의 공기가 희박하다고 불평하면 안 되겠죠. 그래도 기본적으로 마음이 편치는 않습니다.

이뿐만 아니라 다음 질문도 해봅니다. 작은 실수에 대해 거의 미소를 보이지 않고, 서로를 대할 때 관용도 거의 없으며, 여유조차 없는 이유는 무엇입니까? 공공연하게 드러나는 분노와 만들어진 계산된 적대감은 도대체 어디서 올까요? 프로이트와 팔러의 분석대로, 왜 우리는 사랑이 없는 초자아의 폭정 아래서 살아갈까요?

영국 사회학자 리처드 세넷Richard Sennett은 1977년『공적 인간의 몰락The fall of public man』을 출판했는데요. 그의 논제 중 하나를 요약하자면 사람은 원래 공적 공간과 사적 공간에서 다르게 행동한다는 것이에요. 어떤 면에서 사람들은 자신의 진정한 인격을 드러내지 않고, 오히려 실제보다 공적인 문제에 관심을 두는 사람으로 스스로를 드러낸다고 합니다. 이는 공적 인간과 사적 인간을 구별하는 것입니다. 마치 고대 그리스 민주주의에서 국정에 참여하는 시민이 사적인 일에만 관심 있는 사람을 '바보'라고 부르며 자신과 구별 지었던 것처럼요. 공공 생활에서 여러분은 있는 그대로의 실제가 아닌 무언가를 연기하는 사람이라는 뜻입니다.

세넷의 분석에 따르면 우리 시대에는 공공의 광장이 파괴되었는데 이는 사적이고 개인적인 가치가 공공의 광장을 정복했기 때문이라고 합니다. 로베르트 팔러 또한 우리가 포스트모더니즘이라고 부르는 것은 말하자면 사적 가치가 공적 영역을 지배하는 것이며, 따라서 "사회가 반사회적으로 행동하도록 장려하면서 개인적이고 사적인 나르시시즘을 요구하는 것이다"라고 했습니다. 팔러는 『나쁜 삶의 기술Wofür es sich zu leben lohnt』에서 그 원인과 결과를 탐구하는데, 읽을 만한 가치가 있는 내용이에요.

저는 이 책의 주제 중 나르시시즘에 관해 이야기해 보고자 합니다. 지금까지 지켜봤듯 이런저런 논쟁의 중심에는 사건 자체가 아닌 사람이 있습니다. 어떤 사람은 세상이 믿을 수 없이 복잡하다는 점을 고려하여, 여기에도 논리가 있다고 주장할 수 있습니다. 어떤 문제가 이성적이지 않거나 이성적으로도 이해되지 않을 때 모든 사람이 이해한다고 생각하는 것, 즉 감정에 집중해 보겠습니다.

라셰트의 웃음은 정치와 상관이 없었습니다. 지난 몇 년 동안 도널드 트럼프가 보여준 그의 망가진 사고방식과 일관성 없는 트위터, 그리고 그가 선택한 어리석음과 비열함도 이에 해당하며, 그의 정치적 행보와는 별로 관계가 없다고 생각합니다. 오늘날 우리는 특정 용어가 타인에게 피해를 줄 가능성을 너무 자주 걱정합니다. 부주의한 행동과 잘못된 말이 누군가에게 모욕이 될 수 있다는 것이죠. 이는 근본적으로 사적 영역이지만 공적 영역의 한가운데 놓여 있습니다.

또 다른 예를 들자면 오늘날 사람들은 공공장소에서 집에서 입는 옷차림을 합니다. 의도적으로 부주의하고 엉성하게 격식 없는 옷을 입습니다. 회사 대표는 운동화를 신고 돌아다니며 부하 직원에게 격의 없이 이름을 부릅니다. 사람들은 공적 영역에서도 마치 사적 영역에서 행동하듯 합니다. 이는 진솔하고 개성 있는 행동으로 여겨집니다. 사람들은 솔직한 자신이 되고 싶어 하죠. 모든 토크쇼에 감정이 넘쳐납니다.

여기에 반박할 만한 말은 하나도 없습니다. 더는 우울증을 숨길 필요가 없다는 것은 대단한 일이죠. 우리가 여기저기 휘젓고 다니며 기회가 있을 때마다 타인을 함부로 모욕하는 멍청이가 아닌 것도 사실입니다.

그러나 모든 일에는 결과가 따라옵니다. 예전에는 집과 공공장소에서 다르게 행동했습니다. 다시 말해 공적 영역에서는 기대받는 역할을 따랐습니다. 오늘날에는 공적 영역에서도 완전히 자기 자신이 되고자 합니다. 그렇기에 대중이 보내는 비판은 역할이 아닌 자신에게 향합니다. 이는 곧 모욕이 될 수 있다는 뜻입니다.

이것이 사실이기에 수많은 논쟁은 언제나 사적 영역과 약점, 사실과 의심, 인종차별이라 추정되는 모욕, 외모 평가, 사적 영역 침해 등을 둘러싸고 일어납니다. 우리는 모욕이 멈추지 않고, 거기에 따른 상처 또한 끊임없이 생산되는, 극도로 자기중심적인 시대에 살고 있습니다. 모든 것이 각각 지나치게 밀접합니다. 젊은이들을 볼 때면 그들이 서로 얼마나 조심스럽게 예의를 갖춰 각자의 영역을 존중하는지 확인할 수 있습니다. 정말 대단하지 않나요?

유쾌함은 자신과 두는 거리와 깊은 연관이 있다고 앞서 언급했죠? 그렇다면 우리 시대의 특징은 평온함이 아니라 진지함이라는 것을 알아챌 수 있습니다. 우리는 언제나 지뢰밭에 들어가지 않도록 조심해야 합니다. 자신만 다치는 게 아니라 다른 사람도 다치게 하니까요. 삶은 평온함을 추구하는 태도가 아닌 조심하는 태도로 결정됩니다.

그런데 우리는 모두 이 질문을 해야 합니다. "나는 정말 무엇이든, 누구에게든 계속해서 상처를 받는 사람이 되고 싶은가?" 무지하거나 교만하거나 유별난 것을 그저 웃어넘기고 다른 쪽으로 관심을 돌리는 것이 더 좋지 않을까요?

우리는 스트레스가 가득한 심각한 시대에 살고 있습니다. 그 결과 심리상담소, 물리치료실, 정신과 병원, 웰니스호텔, 요가원과 명상원에서 진행하는 주말 세미나를 어디에서나 찾아볼 수 있죠. 오늘날에는 삶의 즐거움도 배워야 할 항목이 되었습니다. 와인 세미나와 오일 시음회는 참석 조건이 까다롭습니다. 더는 한자리에 앉아 식사를 못 하는 가족도 있습니다. 채식주의자와 육식 선호자가 서로 합의해야 하는데, 그러려면 기본적으로 토론과 논쟁을 해야 하기 때문입니다. 구석기 다이어트(건강을 위해 자연 상태의 음식만 섭취하는 식단—옮긴이)를 하는 사람이 없으면 다행이죠.

상황이 이렇습니다. 어느 순간 소리를 지르는 것은 별 도움이 되지 않습니다. 우리가 더는 식탁에서 음식도 함께 먹을 수 없나요? 그렇다면 상황을 있는 그대로 받아들이는 것이 가장 현명합니다. 모두가 각자 자신이 좋아하는 것을 먹습니다. 됐죠? 지금 이 시대를 살아가는 건 제법 복잡하지만, 더 나쁜 경우도 있습니다. 먹을 게 충분하다면 불평해서는 안 되겠죠.

민박집 주인의 딸이자 정말 유쾌한 사람인 저의 할머니는 항상 이렇게 말씀하셨습니다. "생긴 대로 살게 내버려 둬!" 여기에 누가 어떻게 뭘 먹는지도 추가할 수 있겠네요. 그러고 나서 할머니는 신나게 이렇게 덧붙였어요. "고치려는 건 아무 소용없어!"

오늘날 시대가 요구하는 것은 바로 온전함입니다. 진정

으로 나 자신이 아닌 것은 무엇이든 용납하지 말라는 의미입니다. 팔러는 이렇게 말합니다. "그 결과 즐거움에 무감각해지고, 피로해지고, 우울증에 빠지고, 불안해지며, 다른 사람의 행복을 증오하고, 정치적 전리품을 포기한다." 그가 말하는 '정치적 전리품의 포기'가 무엇을 말하는지 저는 전혀 이해하지 못했습니다. 과연 어떤 의미가 담겨 있을까요?

독일 언론인 옌스 예센Jens Jessen은 2022년 《디 차이트Die Zeit》 신문에 논평을 기고했습니다. 그는 텔레비전, 영화, 연극에서 유쾌한 대화 기술이 모두 사라진 "새로운 진중함과 재미없는 정신"에 대해 묘사했습니다. 풍자나 코미디로 공개적으로 표현하지 않는 모든 것은 '매우 심각'합니다. 1960~1970년대에 젊은 세대는 기성세대가 너무 진지하고 답답하다며 조롱하지 않았던가요? 입꼬리가 축 처진 세대에 맞서는 진정한 유쾌함이 당시에 있지 않았던가요?

마이 스필스May Spils가 연출하고 유시 글라스Uschi Glas와 베르너 엔케Werner Enke가 주연을 맡은 1968년 영화 〈자기야, 요점은 말이야Zur Sache, Schätzchen〉를 오늘날 본다면, 그들이 얼마나 유쾌하고 편안하게 풍자 기법을 사용했는지 분명 놀랄 것입니다.

9년 후 우디 앨런의 영화 〈애니 홀〉이 영화관에 등장했고, 세상의 종말까지도 풍자의 대상이 되었습니다. 회상 장면에서 어린 앨비와 그의 엄마가 정신과에 앉아 있습니다. 참고로 이 영화의 주인공은 어른이 된 코미디언이자 희극 작가이자 만화가인 앨비 싱어입니다.

"갑자기 우울해졌어요." 그가 말합니다. 숙제도 안 하고 어디에도 관심이 없죠. 어린 앨비는 말이 되는 게 하나도 없다고 이야기합니다. "우주는 팽창 중이에요. 우주는 모든 것을 다 끌어안고 있어요. 그렇게 커지면 모든 것이 다 무너지겠죠. 어, 문 닫을 시간인데."

그의 엄마가 소리칩니다. "그건 네가 신경 쓸 일이 아니야. 너는 브루클린에 있어. 브루클린은 팽창하지 않아." 의사가 말합니다. "백만 년 동안 그런 일은 일어나지 않을 거란다, 앨비야" 그리고 "가능한 한 우리는 언제나 즐겨야 해"라고 덧붙입니다. 앨비는 악동같이 조롱하는 표정으로 숨이 넘어갈 듯 웃습니다.

이후 우디 앨런은 2014년 개봉한 〈매직 인 더 문라이트 Magic in the Moonlight〉에서도 앨비 싱어의 말을 그대로 되풀이 했습니다. "언젠가 우주 전체가 사라질 것이다. 삶은 목적도 의미도 없다. 모든 것이 상상할 수 없는 속도로 산산조각 날 것이다. 만약 빛과 공기가 없다면 어떻게 될까? 순식간에 모든 생명이 사라진다. 이것이 끔찍한 진리다." 세상에, 이렇다고요. 그런데도 우디 앨런은 유쾌한 영화를 많이 찍었습니다.

예센은 오늘날에 대해 이렇게 썼습니다. "모든 것이 뒤집힌 것처럼 보이고 젊은이들은 노인들이 경박하고 태평하다고 격분한다." 저와 같은 세대는 우디 앨런의 영화를 예술작품으로 존중합니다. 반대로 젊은 사람들은 그를 비열한 성적 취향을 지닌 의뭉스러운 인물로 보는 경우가 많습니다.

예센은 뭔가 달라졌다고 지적했습니다. "무엇인가 일관되게 단조로 조율되고 있다." 우리 앞에 닥친 일을 생각해 보면 놀랍지도 않습니다. 예센에 따르면 젊은이들은 기후위기를 비롯한 "선대에게 물려받은 곤경의 미래"에 직면했습니다. 환경을 훼손한 기성세대의 부주의한 태도에 대한 젊은세대의 불만은 당연하지 않은가요? 예센은 다시 한번 묻습니다. 젊은 세대 사이에 발달한 캔슬 컬처(주로 유명인이 문제가 될 만한 말이나 행동을 했을 때 그를 배척하는 행동―옮긴이)는 기성세대의 권력에 맞서는 그들의 마지막 무기 아닐까요?

젊은이들은 소수자와 식민지 민족에 일종의 동질감을 느낍니다. 소수이고, 다른 사람에 의해 많은 일이 결정되며, "극도로 무시되고 주변부로 밀려나기" 때문입니다. 잔인할정도로 모든 것이 기성세대 중심적입니다. 특히 최근 코로나 시대에 경험했듯 노인 보호를 명분으로 유치원, 학교, 대학교가 무자비하게 문을 닫았습니다. 무력한 모든 사람을 향해 공감을 표현하는 방법은 결국 자신의 무력함을 드러내는 것이죠. 어떤 재미를 위해서라도 타인의 감수성을 생각 없이, 쉽게 훼손하는 곳에는 유쾌함이 머무르지 못합니다.

다른 사람과 사회를
변화시키는 유쾌한 힘

유쾌하게 글을 쓴다는 것은 생각을 허용하는 것을 의미합니다.
세상은 절망적일 수 있지만 우리는 웃을 수 있습니다.
모든 것이 무거워 가라앉을 때도 웃으면 떠오를 수 있습니다.

제가 어렸을 때 시사잡지 《슈테른Stern》에서 아동용으로 《슈테른헨Sternchen》을 발간했습니다. 이 잡지에 만화가 로리오트는 작가 볼프 위커Wolf Uecker와 함께 〈빨간 코뿔소 라인홀트Reinhold das Nashorn〉를 17년 동안 연재했습니다.

라인홀트는 저에게 정말 소중한 친구였습니다. 제가 태어난 지 3개월이 지난 1956년 4월의 어느 날 첫 회가 시작되었죠. 물론 제가 아기였을 때는 이 사실을 전혀 알지 못했습니다. 이후 40여 년이 지나 어느 예술가를 위한 시상식에서 축하 연설을 할 때 알았습니다. 그동안 로리오트는 유명한 만화가에서 존경받는 위대한 작가로 성장했습니다.

1956년에 발표된 이야기입니다. 빨간 코뿔소 라인홀트는 자신이 너무 더러워져서 세탁소에 갔습니다. 그리고 세탁소 주인에게 이렇게 물었습니다.

마음씨 좋은 사장님,
혹시 여기 얼룩이 빠질까요?

세탁소 주인은 얼룩덜룩한 빨간 코뿔소를 깨끗한 세탁기에 넣고는 이렇게 말합니다.

아, 당연하죠. 왜 부끄러워하세요?
조금만 있으면 완전히 새로워질 거예요!

라인홀트가 세탁소에서 나올 때 얼룩은 여전히 남아 있었지만, 빨간색이 완전히 사라지고 말았죠. 그는 슬퍼하며 이렇게 말합니다.

진짜 새롭기는 한데, 조금 이상하네.
얼룩만 남았잖아.

이후 《슈테른》은 독일연방공화국의 염색 및 드라이클리닝 협회로부터 다음과 같은 내용의 등기 우편을 받았습니다.

당신이 우리에게 유머 감각이 있다는 사실을 부정하고 싶지는 않을 것입니다. 하지만 이는 드라이클리닝 산업에 대한 명백한 비하이자 경멸이며, 현실 왜곡이 우리 업계에 피해를 초래할 것으로 보입니다. 특히 이러한 표현이 어린 세대의 기억에 아주 쉽게 남는다는 점에서 더욱 그렇습니다.

거의 한 세대가 지난 오늘날, 사람들은 로리오트가 이 편지를 지어낸 것이라 생각합니다. 특히 유머라고는 하나 없는 건조한 문서에 쓰인 "당신이 우리에게 유머 감각이 있다는 사실을 부정하고 싶지는 않을 것입니다"라는 문구는 기억에 남을 정도로 멋집니다.

로리오트가 지어낸 듯한 이 표현은 이제 자주 접하는 흔한 말이 되었습니다. 우리는 그의 작품에서 자신, 친척, 이웃 그리고 이들의 일상을 찾아볼 수 있습니다. 수십 년에 걸쳐 연재된 그의 작품 덕에 우리는 일상에서 로리오트를 쉽게 마주할 수 있습니다. 독일인의 삶과 작가의 풍자는 떼려야 뗄 수 없는 관계가 되었죠.

한편으로는 그렇고요. 다른 한편으로 로리오트는 이미 본 대로 유머라고는 거의 없던 우리의 일상을 도드라지게 변화시켰습니다. 단지 재미있는 유쾌함으로 말이죠. 여기에 인용한 편지는 상상조차 하기 어렵고, 협회와 기업은 이러한 유머를 감당하지 못합니다.

로리오트가 《슈테른》에 연재하기 시작했을 즈음, 그는 다른 잡지에 또 다른 유명 시리즈 〈개를 잡았어요Auf den Hund gekommen〉도 그렸습니다. 이 만화에서는 개와 사람이 뒤바뀌었습니다. 암캐는 소파에 앉아 뜨개질하고, 수캐는 그 옆에 무릎에 고양이를 올려두고 앉아 있습니다. 그러는 동안 한 남자가 현관으로 들어와 더러워진 신발을 카펫에 비벼대죠. 암캐가 수캐에게 말합니다. "저 사람이 하는 짓은 죄다 쓸데 없다니까."

이번에는 드라이클리닝 협회가 아니라 일반 독자가 불만을 드러냈습니다.

신문이 왜 이런 바보를 고용하는지 이해가 안 되고 그의 만화에 저와 제 지인들은 신물이 납니다. 그에게 살충제를 살포할 수 없습니까?

이는 오늘날 페이스북에 올라오는 댓글과 비슷하다고 볼 수 있습니다. 이런 반응을 보면서 저는 유쾌함의 힘을 지나치게 과대평가해서는 안 되고, 오히려 인간이 어느 정도 어리석다는 것을 상수로 받아들여야 한다고 결론 내렸습니다. 로리오트가 만화를 연재하기 전에 독일 대부분 지역에서는 유머가 통하지 않았습니다. 우리가 시대의 진중함을 이야기할 때 이 사실을 잊어서는 안 되겠죠. 그가 직면한 저항은 오늘날 상상조차 할 수 없습니다. 저는 이러한 변화에 로리오트가 상당 부분 이바지했다고 해도 과언이 아니라 생각합니다. 그의 작품 대부분은 독일인에게 친숙해서, 다른 사람이 이야기 앞부분이나 그림 정도만 이야기해도 바로 알 수 있죠.

단지 그의 작품이 무해해서 그런 것만은 아니었습니다. 우리가 그의 작품에서 개인과 다른 사람과 사회를 변화시키는 유쾌한 힘을 배울 수 있기 때문일 것입니다. 로리오트는 다른 이를 공개적으로 공격하는 풍자를 사용하지 않았습니다. 왜 이렇게 말할 수 있냐고요? 그를 유머러스하다고 생각하는 사람은 형식과 내용을 혼동하며, 로리오트가 신랄한 조롱을 친절함으로 위장한 것을 파악지 못하고 그저 웃기만 했습니다. 이는 파괴적인 힘을 발휘했고, 이 힘으로 그는 무언가를 만들어냈습니다. 오직 로리오트만이 아무도 알아채지 못하게 독일인을 풍자했습니다. 하지만 그의 작품이 너무나도 매력적이고 유쾌했기에 결국에는 이 모든 것을 알아챌 수밖에 없었죠.

사람들 대부분은 유머러스하게 글을 쓰는 사람은 항상 재미있다고 생각하죠. 재미있게 웃고 듣고 보는 것들은 모두 쉽고 가볍다고 느낍니다. 그래서 코미디를 제작하는 것이 어렵다는 말에 사람들은 크게 놀랍니다. 텅 빈 종이 앞에서 하루를 시작해, 노을이 질 때면 종이의 반 정도는 재미난 이야기로 채워진다고 생각합니다. 반면에 남들은 거리를 청소하거나 소를 잡아야 하는데, 생계를 위해 웃겨야만 한다고 불평하는 것은 별로 웃기지 않습니다.

하지만 피터 유스티노프의 말을 들으면 이런 상황은 완전히 달라질 수 있습니다. "유머는 재미를 만드는 진지한 예술이다."

유머는 삶을 압도해야 합니다. 그렇지 않다면 유머는 별 볼 일 없고 효과가 지속되지 않고 여운도 남기지 않습니다. 로리오트가 텔레비전에 나오고 그의 작품이 영화로 만들어졌으며 우디 앨런의 영화가 개봉된 이후, 저는 이전에 생각한 만큼 저의 영혼을 무겁게 할 필요가 없다고 느꼈습니다.

잘 기억나지 않지만 누군가가 저에게 이런 제안을 했습

니다. "로리오트의 작품 속 인물들을 자세히 살펴보고, 웃긴 부분을 반 정도로 축소해서 캐릭터의 핵심을 뽑아보세요." 그러면 애처로운 인간의 모습만 남습니다.

급하게 담뱃불이 있냐는 질문을 받은 노인은 10분 내내 주머니를 뒤지다가 뜻밖의 대화 상대에게 자신의 인생 절반을 늘어놓고 사진을 보여주고 마침내 누군가와 이야기하는 기회를 얻습니다. 그는 결코 담뱃불을 건넬 수 없습니다. 자기의 삶에 관심을 주지 않는 이 세상에서 그는 한없이 외롭습니다.

호펜슈테트 부부와 프뢸 부부는 저녁 식사 자리에서 '코자켄치펠'이라는 디저트를 나누어 먹다가 무언가 서로 부당하게 느껴 말다툼을 시작합니다. 결국 길거리에서 '빈젤슈투테', '요델슈네페'(코자켄치펠, 빈젤슈투테, 요델슈네페는 모두 로리오트가 지어낸 의미 없는 말로, 이후 빈젤슈투테와 요델슈네페는 독일어 욕설이 됨-옮긴이)라고 서로 떠들다 헤어집니다. 2011년 로만 폴란스키 Roman Polanski가 연출하고 조디 포스터 Jodie Foster, 케이트 윈즐릿 Kate Winslet, 크리스토프 발츠 Christoph Waltz, 존 C. 라일리 John C. Reilly가 출연한 영화 〈대학살의 신 Carnage〉은 로리오트의 이야기에서 아이디어를 얻었습니다.

로리오트의 한 촌극에 복권 당첨자 에르빈 린데만 Erwin

Lindemann이 등장합니다. 그는 텔레비전 프로그램에 출연해 자신을 소개하려다가 제작진에 시달려 결국 앞뒤가 맞지 않는 이야기만 늘어놓습니다.

우연히 한 텔레비전 촬영팀이 저의 서재를 방문해 로리오트의 75번째 생일을 맞아 축하 인사를 해달라고 요청했습니다. 저에게 소파에 앉아서 촬영을 해달라고 하더군요. 그렇게 시작되었습니다. '등 뒤의 벽에 그림이 꼭 걸려 있어야 합니까? 치워주세요. 옆에 있는 책장을 더 옆으로 옮길 수 있나요? 무겁다고요? 그럼 우리가 저 구석으로 치우죠. 안경알이 조명에 반사되는데, 반사 방지 안경은 없나요? 자, 이제 한말씀 해보세요. 잠시만요, 머리 좀 만지고요. 아이고, 마이크가 나갔네. 다시 한번 해주시겠어요? 좀 빨리 말할 수 없나요?'

저는 유감스럽게도, 복권에 당첨되어 부퍼탈Wuppertal에서 교황의 옷가게를 오픈한 로리오트에게 축하를 보냈죠(로리오트 촌극의 에르빈 린데만과 저자의 비슷한 처지를 비유한 표현—옮긴이).

우리는 로리오트의 작품에서 힘겹게 살아가는 우리와 주변인의 모습을 발견할 수 있었습니다. 삶에서 대단한 것을 원하는 순간, 예를 들어 사랑을 고백하는 순간 얼굴에 파스

타가 묻었다는 사실을 알고 고통에 빠질 수도 있다는 두려움을 갖죠. 이는 강박관념 때문입니다. 하지만 다른 사람들은 이런 마음을 이해하지 못한다는 점을 익히 압니다. 서로 이해할 수 없지만 그럼에도 함께 살아야 하죠. 이것이 실존의 문제입니다.

로리오트가 말합니다 "내가 재미있다고 생각하는 모든 것은 단절된 의사소통에서 시작됩니다. 서로 말이 통하지 않는 대화, 자신의 입장을 설명하기 어려운 상황뿐 아니라 상대가 말한 것을 이해하고자 하는 상황도 포함되죠."

때로는 로리오트의 이야기에 등장하는 인물은 너무나도 무능해요. 아침 식사에 곁들인 달걀에 관해 이야기를 하다가 결국 최악의 상황에 이릅니다. "맙소사, 남자들은 얼마나 원시적인지!" 로리오트의 짧은 애니메이션 〈달걀 Das Ei〉의 마지막 장면에서 아내가 말합니다. 남편은 혼잣말합니다. "가만두지 않을 거야, 내일은 끝장내고 말 거야."

이건 정말 이상합니다. 수백만의 아침 식탁에서도 비슷한 일이 일어나고 이는 전혀 우스꽝스럽지 않죠. 이런 상황은 사람을 절망으로 몰아넣습니다. 만약 절망에 빠지지 않는다면, 그것이 수용하기에는 너무나 커다란 감정이며 서로를 침묵, 무지, 악의로 몰아넣기 때문입니다.

막다른 골목만 많을 뿐 탈출구가 없습니다. 하지만 우리가 프로이트에게 배운 것처럼 탈출구가 없는 곳에도 유머는 남아 있습니다.

유쾌하게 글을 쓴다는 것은 생각을 허용하는 것을 의미합니다. 세상은 절망적일 수 있지만 우리는 웃을 수 있습니다. 모든 것이 무거워 가라앉을 때도 웃으면 떠오를 수 있습니다. 유쾌하게 글을 쓴다는 것은 우리를 가로막는 수많은 막다른 길, 반대 방향의 일방통행로, 바리케이드, 성벽, 담장 앞에서 모든 진지함을 벗고 분명한 길을 제시한다는 뜻입니다.

유쾌함은 특히 삶의 진지함과 결합할 때, 진지함을 다루고 그것에서 탈출하는 방법을 보여줄 때 깊은 위안을 전합니다.

13

우울증에 빠진
희극인의 슬픔

의사가 말했습니다.
"제가 보기에 부족한 것은 유쾌함입니다.
지금 몰리에르의 코미디 연극이 상연되고 있습니다.
거기에서 실컷 웃으세요."
그러자 환자가 이렇게 답합니다.
"선생님, 제가 몰리에르입니다."

제 아들은 어렸을 때 학부모가 운영에 참여하는 유치원에 다녔습니다. 어느 날 아들이 다른 아이와 싸우고 밀치는 사건이 벌어졌습니다. 좋은 일은 아니지만 모든 교육자와 교사가 대처할 수 있을 만한 평범한 사건이었습니다.

　하지만 그렇게 흘러가지 않았습니다.

　저와 아내는 아이의 부모로서 원장과 면담해야 했습니다. 그는 조금 침울한 표정으로 비폭력 교육에 관한 안내서를 읽어주었습니다. 이후 우리는 학부모 모임이라는 특별한 시간을 가져야 했죠. 그런데 학부모 대표는 우리 가족에게 근본적으로 잘못된 점이 있다고 모든 사람 앞에서 공개적으로 비난했습니다. 그러지 않고서야 제 아들이 문제를 일으킬 리 없다는 것이었습니다. 저는 너무 화가 나서 욕을 내뱉고 그 자리를 박차고 나왔습니다. 우리는 다른 유치원을 찾아야 했습니다.

당시 저는 대도시의 핵가족 생활을 주제로「내 인생 최고의 것들Das Beste aus meinem Leben」이라는 주간 칼럼을 쓰고 있었습니다. 저는 아들 사건에 관해 글을 쓰려 했습니다. 하지만 끝내 쓰지 못했습니다. 평소와 완전히 다른 문제가 나왔습니다. 글을 쓰기 시작하자마자 속이 끓어올랐고, 그 결과 불평으로 가득한 우울하고 악의 섞인 글이 되었죠.

왜 그랬을까요? 거리감이 문제였습니다. 저는 이 일을 옆에 두고 시간이 지나기를 기다렸습니다. 반년 정도 지났을 때 그 경험을 바탕으로 허구의 이야기를 한 편 썼습니다. 한 시간 만에 끝냈습니다. 편안한 문체와 분위기가 마음에 들었습니다. 제가 쓴 글이 바로 마음에 드는 일은 매우 드문데도 말이죠. 그 후 몇 년 동안 저는 강의에서 이 이야기를 언급했고, 지금까지도 많은 유치원의 게시판에 그 글이 붙어 있습니다. 이 글은 유쾌합니다. 제 생각에는 말이죠. 이유가 뭘까요?

외르크라는 요리사는 강력한 소시지 반대자로, 무슨 수를 써서라도 방과 후 돌봄 교실의 아이들이 소시지를 먹지 못하게 막으려 합니다. 학부모인 저는 소시지를 먹는 사람으로, 외르크에게 전화를 걸어 돌봄 교실에서 소시지를 반드시 먹어야 한다고 무기력하게 주장하죠. 이에 더해 미트볼, 미트로프, 고기 샐러드도 포함해야 한다고 목소리를 높입니다. 외르크는 소시지 반대 캠페인에서 자신의 주장을 관철하기 위해 '소시지 중독'이라는 증상을 고안합니다. 전형적으로 유치한 연쇄 반응입니다.

루이스 때문에 열린 특별 학부모 저녁 모임이었다. 외르크는 비폭력 교육에 대해 강의했다. 오랫동안 학부모 모임에 참석하지 않았던 나는 몰래 나가 식품 냉장고에 있는 햄 샌드위치 세 조각, 차가운 돈가스 여덟 조각, 편육 한 조각을 먹고 다시 자리로 돌아왔다. 나는 아이가 평소에도 이렇게 싸우는지 질문받았다. 야구방망이를 들고 있는 스킨헤드의 모습이 우리 집의 전형인지 외르크가 소리치며 묻는다. 나는 다시 나갔다.

냉장고를 여니 팔츠 지역 소시지 여덟 개, 간 소시지 두 개, 선지 소시지 두 개가 있다. 다시 자리로 돌아갔다.

외르크가 "당신 가족에게 정말 끔찍한 인상"을 받았다고 말했다. 이제 두피의 머리카락 뿌리까지 소시지가 느껴지고 콜레스테롤에 취한 느낌이 든다. 외르크는 고래고래

소리 지르며 나를 보고 강박 중독자, 동네 감시자, 소시지 파시스트라고 외쳤다. 나는 문을 쾅 닫고 나갔다. 냉장고를 다시 열자, 타르타르소스 1킬로그램이 눈에 들어왔다.

17세기 파리를 배경으로 한 이야기가 생각나네요. 한 남자가 의사를 찾아가 자신의 우울한 기분에 관해 이야기하고 무엇을 할 수 있는지 묻습니다. 의사는 이렇게 말해요. "제가 보기에 부족한 것은 유쾌함입니다. 더는 슬픔 속으로 빠져들게 내버려두지 마십시오. 이제 자신을 자유롭게 하고 주의를 딴 곳으로 돌려보세요. 좋은 아이디어가 떠올랐어요! 극장에 가세요. 지금 몰리에르의 코미디 연극이 상연되고 있습니다. 거기에서 실컷 웃으세요. 도움이 될 겁니다." 그러자 환자가 이렇게 답합니다. "선생님, 제가 몰리에르입니다."

이는 다음 질문과 관련이 있습니다. 직업적으로 웃겨야 하는 사람이 다른 사람보다 더 우울한 경우가 많다는 사실이 기만적이라고 느껴집니까? 아니면 극명한 차이 때문에 더 눈에 띄는 걸까요?

영화 〈굿모닝 베트남Good Morning, Vietnam〉과 〈죽은 시인의 사회Dead Poets Society〉에 주인공으로 출연하고 너무나도 재미있는 스탠드업 코미디를 펼쳐 많은 이에게 사랑받은 로빈 윌리엄스Robin Williams는 우울증과 알코올 의존증을 오랫동안 앓다가 세상과 이별했습니다. 영화 〈트루먼 쇼The Truman Show〉와 〈브루스 올마이티Bruce Almighty〉로 유명한 배우 짐 캐리Jim Carrey는 수년간 우울증과 싸워왔다고 2017년부터 공개적으로 이야기하기 시작했죠. 배우 디터 할러포르덴Dieter Hallervorden은 자신의 입원 생활에 관해 털어놓았고, 희극 배우 토르스텐 스트레터Torsten Sträter도 같은 경험을 이야기했습니다. 비슷한 경험을 한 희극 배우 쿠르트 크뢰머Kurt Krömer는 자신의 문제를 책으로 냈습니다. 책 제목은『생각하는 모든 것을 믿지 말기Du darfst nicht alles glauben, was du denkst』입니다. 모든 것은 오직 선택에 달렸습니다.

저는 우울증과 이에 관한 다양한 원인을 너무 심각하게 여기지 말자고 제안하고자 합니다. 로빈 윌리엄스, 짐 캐리, 디터 할러포르덴, 토르스텐 스트레터, 쿠르트 크뢰머… 이 모든 배우가 연기할 때 제가 글을 쓸 때 그러듯 삶과 거리를 두었다면 우울증을 예방할 수 있었을지도 모릅니다. 몰리에르가 의사와 상담했던 에피소드처럼 우울한 사람에게 극장에 가서 웃으라는 조언이 터무니없어 보이기도 하겠죠. 하지만 이는 문제 자체와는 별로 관련이 없습니다.

그런데 이런 생각이 드네요. '배우Schauspieler'라는 단어에 '놀다spielen'라는 의미가 포함된 것은 우연의 일치일까요? 노는 것은 유쾌하지 않나요? 저는 글을 쓸 때 느끼는 감정을 '놀이'라는 단어로 표현합니다. 글쓰기는 언어, 인물, 삶을 재료로 하는 놀이입니다.

이러한 놀이를 우리의 일상생활과 삶 전반에 접목하는 것은 어떨까요? 제가 평생 글을 써온 이 방식으로 일상에서 무언가를 배운다면 어떨까요?

14

위로는 그 사람의 말을
들어주는 것입니다

유쾌함은 다음과 같은 느낌을 전달합니다.
'너는 혼자가 아니야.
네가 어떻게 느끼는지 잘 알아.
그리고 여기, 더 나은 곳으로 이어지는 길이 있어.'

제 오랜 친구가 건강이 좋지 않았습니다. 그는 멀리 지내서 전화로 자주 안부를 물었습니다. 벌써 오래전 일이네요. 저는 힘든 친구의 이야기를 듣고 이야기를 나누면서, 모두 잘될 것이고 언젠가는 치료 방법이 생길 수도 있다는 점을 전하고 싶은 바람으로 말을 많이 했죠. 어느 순간 친구가 이렇게 말했습니다. "넌 정말 항상 말이 많아. 가끔은 내 기분을 그저 말하고 싶을 때도 있다고."

저는 그때 깨달았습니다. 위로란 우선 상대의 말을 있는 그대로 들어주고, 위로가 필요한 사람에게 걱정을 나눌 수 있는 마음 한쪽을 비워서 내주는 능력이라고요. 상대에게 말을 너무 많이 하면 아무것도 듣고 싶지 않다는 의미로 전달될 수도 있고, 이미 모든 것을 다 알거나 시간이 없다는 뜻으로 비칠 수도 있습니다. 끝낼 수 없는 것을 끝내려는 마음이죠.

현시대의 조바심에 관한 이야기입니다. "우리는 모든 것을 압축하고 매 순간을 무언가로 채우려 애씁니다." 정신분석가 요한 야코프 뮐러Johann Jakob Müller가 파트너이자 동료인 세실 로에츠Cécile Loetz와 함께 진행한《차이트 마가친ZEIT magazin》의 인터뷰에서 이렇게 말했습니다. "우리는 더 이상쉬지 않습니다. 다른 사람 말도 듣지 않고 자신이 하는 말 또한 듣지 않아요. 심리상담소나 정신치료과에서도 거의 비슷하죠. 스마트폰 앱과 약물이 있기에 별로 들을 필요가 없다고 생각합니다. 우울증이 급격히 증가하는 현상은 일상의 이야기를 서로 주고받는 일이 줄어들었기 때문이라고 생각합니다."

안 그런가요? 누군가 여러분의 말을 들어주면 여러분의 경험과 내면을 울린 생각을 이야기로 만들 수 있고, 그렇게 이야기로 만들어야 내려놓을 수 있고, 내려놓아야 그 오래된 이야기에서 해방되어 자유롭게 새로운 것을 선택할 수 있습니다.

사실 저는 이것을 신문기자 시절부터 알고는 있었지만 제대로 이해하지 못했습니다. 1989년과 1990년, 1991년의 통일 전환기에 출장을 많이 다녔습니다. 당시 동독 사람의 삶과 일상의 변화에 대해, 즉 그들에게 벌어진 일이 얼마나 이해하기 어려운지, 통일에 어떻게 반응하고 적응하는지, 새로운 시스템에서 어떻게 길을 찾는지, 과거의 체제에서 보낸 일상을 어떻게 생각하는지 등에 관해 기사를 써야 했습니다.

저는 동독의 공무원, 교도관, 저축은행 지점장, 교사, 초콜릿 회사 공장장, 버스 운전사 등으로 일했던 사람들과 한자리에 모였습니다. 처음에 그들은 모두 말없이 의심스러운 표정을 보였습니다. 하지만 제가 그들의 삶에 정말로 관심이 있고 그들의 말을 듣는 것 외에는 아무것도 하지 않는다는 사실을 알아차리자 그들은 말을 꺼내기 시작했습니다. 이내 그들의 이야기는 막힘없이 술술 나왔고, 오히려 제가 시간 때문에 다음 주제로 넘어가야 해서 말을 끊기도 했습니다.

들어주는 것만으로도 사람들이 사용할 수 있는 공간이 열립니다. 저에게는 이러한 공간이 있었습니다. 왜냐하면 저의 이야기를 하기 위해 그들의 이야기가 필요했기 때문입니다. 저는 무심하게 듣지 않았고 이기적인 동기가 있었습니다. 하지만 그때 누군가 자신에게 관심이 있다고 느끼면 사람이 얼마나 기꺼이 마음을 여는지 깨달았습니다. 그리고 저는 실제로 그들이 말하는 내용에 관심이 있었습니다. 이는 단순히 신문기자 역할을 해내는 것을 넘어 저를 매료시켰습니다.

들어주기, 이것이야말로 로리오트와 상폐와 우디 앨런에게 얻은 유머와 유쾌함이 왜 위로가 되는지 설명합니다. 다른 많은 이도 비슷하리라 생각해요. 여러분은 누군가가 우리 삶의 이야기를 듣고 있다는 느낌을 받죠. 기계적으로 이상한 이야기로 확장하지 않고, 자신과 다른 모든 이에게 귀를 열어놓습니다. 그렇게 하면 각자의 삶보다 더 많은 삶을 공유할 수 있기 때문입니다.

이런 유쾌함은 다음과 같은 느낌을 전달합니다. '너는 혼자가 아니야. 네가 어떻게 느끼는지 잘 알아. 그리고 여기, 더 나은 곳으로 이어지는 길이 있어.' 저는 친구와의 통화에서 이와 같이 말해주고 싶었는데, 제 마음이 제대로 전달되지 않은 것 같네요. 왜 그랬을까요?

벨기에 수필가 다비트 판 레이브라우크David Van Reybrouck는 「위로의 찬가Ode an den Trost」라는 글에서 이렇게 썼습니다. "가득 찬 곳에는 담을 수 없다." 그리고 계속해서 이렇게 말합니다. "위로는 허용이 아니라 수용이다. 자리를 만들어 숨쉴 수 있게 하는 것이다." 그는 네덜란드 레이던대학교에서 문학을 강의하는 이라 판데이크Yra van Dijk의 「비우고, 비워, 숨쉬기Leere, Leere, die atmet」라는 논문의 제목을 인용합니다. 현대 시에서 타이포그래피의 여백이 시에 미치는 기능에 관한 논문이죠. 이 여백은 시의 의미를 행간 너머로 확장하도록 돕고 독자의 연상을 위해 자리를 마련합니다.

레이브라우크는 또 위로의 다양한 형태에 대해 이렇게 썼습니다. "위로는 이런 것일까? 비어 있는 공간에서 숨을 편히 쉬고 편견 없이 들어주는 행동을 의미하는가? 때로는 말하는 것보다 듣는 것이 더 위로가 된다. 때로는 호기심이 분별력보다 더 존중받는다. 이는 저널리즘이라는 이름으로 파헤치는 것이 아니라 경계가 사라진 열린 마음을 말한다. 캐묻지 말고 있는 그대로 느끼는 것이 중요하다." 그리고 마지막으로 이렇게 말합니다. "기분 좋게 만드는 것보다 누군가에게 이해받는다는 느낌을 주는 것이 더 큰 위안이 된다."

숨 쉴 수 있는 빈 공간을 이야기하면서 상폐의 그림과 넓은 여백을 생각하지 않을 수 없죠. 위로는 커다란 가능성을 지니지만, 중요한 것은 언제나 아무것도 억압하지 않고 위로받는 사람의 아픔과 고통을 품고 이해하며, 그가 극복할 수 있도록 돕는 것입니다. 그것이 가장 기본입니다. 이것이 충족되면 심각한 문제에 처한 사람에게 농담을 건네거나 극장에 데려가 몰리에르의 희극을 보여주거나 좋은 날씨에 대해 말하거나 투덜거리는 건 도움이 안 된다고 조언해도 모두 도움이 될 것입니다. 주의를 분산시켜 고통을 완화하는 것이죠.

고통스럽고 치명적인 병을 앓는 저의 또 다른 친구는 맛있는 음식을 함께 먹거나 축구 경기를 함께 관람하는 등 언제나 주변의 도움을 받을 수 있었습니다. 하지만 이를 위로라고 하기는 어렵죠. 위로는 그의 말을 들어주고 그를 이해하려 노력하고 그와 함께 고통을 견딘다고 말하고 고통이 끝났을 때 손을 잡아줄 수 있다는 느낌을 전달하는 것입니다.

'지원Beistand'이라는 말은 정말 아름답습니다. 모든 친구가 고통이 계속되는 동안 최선을 다해 그를 지원했습니다. 한 친구는 일상생활을 도왔고, 한 친구는 같이 쇼핑을 했고, 한 친구는 병원에 데려갔고, 또 다른 친구는 중요한 모임에 동행했고, 또 다른 친구는 축구를 이야기할 때 편을 들어줬습니다.

이러한 시간을 보내며 저 역시 한동안 고통스러웠습니다. 저는 그의 생일 전날 이탈리아에서 그에게 메일을 썼습니다. "친구에게. 내일 생일을 직접 축하해 줄 수 없어 마음이 조금 무거워. 무엇보다 네가 처한 상황을 알면서도 언제나 내 일에 대해 너에게 투덜거린 건 정말 못난 일이지. 어쨌거나 네가 조금이라도 나아지기를 바라고, 돌아가면 바로 열

굴 보자!"

　친구가 답장을 보냈습니다. "무슨 소리야! 나는 그렇게 생각하지 않아. 오히려 완전히 반대야. 내가 건강 문제로 너를 괴롭히는 것 같다고. 나는 우리가 서로 역할을 바꿔서 나도 네 이야기를 들어줬으면 좋겠다. 어쨌든 편히 쉬다 오길 바랄게. 다음에 좀 더 밝은 모습으로 만나자."

　제 편지가 그의 시선을 현실에서 조금 돌리는 데 도움이 되었을 것입니다. 친구는 감정적으로 금세 내리막길로 내려가 슬픔에 깊게 빠져들고는 자기 삶과 아내와의 이혼을 떠올리며 자신이 원했던 평화로운 가정생활과 정원이 있는 집 등을 얻지 못했다는 사실에 좌절합니다. 그를 돕는 가장 좋은 방법은 잠시나마 그의 말을 들어주는 것입니다.

　네, 그렇습니다. 어떤 관점에서 보니 친구 말도 맞아요. 그는 자신이 결국 도랑에 빠졌다고 생각한다고 말했어요. 저는 친구에게 혼자가 아니라고, 많은 사람이 그렇다고 말했죠. 관계가 틀어지면 몸도 아파진다고요.

　다른 한편으로 그에게도 행복하고 즐거운 순간이 있었습니다. 비록 각자의 길로 갈라섰지만, 함께했던 사람이 있었죠. 그리고 그는 사회생활에서 큰 성공을 거두었고, 지금 혼자가 아닙니다. 제 친구의 가장 큰 재능은 바로 우정을 지키는 능력이거든요.

　우리는 상황을 있는 그대로 보며 대화했습니다. 우리는 삶을 여러 다른 측면에서, 성공의 측면에서 바라보며 서로 격려했죠. 이는 긍정적인 생각과 관련이 있어요. 긍정적인 사고는 부정적인 생각에 빠지지 않도록 도울 뿐만 아니라 삶에서 좋은 것을 잊지 않도록 합니다. 그렇게 방향을 설정할 수 있습니다. 적어도 제 친구는 그랬고, 저도 그랬습니다.

　어느 날 그 친구가 또 병원에 입원했습니다. 친구가 병원에서 바로 문자 메시지를 보냈습니다 "병원이다. 어젯밤에 구급차 타고 왔어. 나는 죽음의 배에서 뛰어내려 도망치는 걸로 국가대표가 될 거야. 아주 오랫동안 대표팀에 머무를 거라고." 이것이야말로 유쾌함, 그 자체입니다. 그는 유언인 듯 자신의 부고에 남을 말을 적었습니다.

　"C'est la vie!(사는 게 다 그런 거지!)"

15

인간이기에 죽음을
다르게 받아들일 수
있습니다

삶에서 죽음이 불러오는 공포의 위력은 사라지지 않습니다.
그런 죽음에서 잠깐이라도 가시를 제거하는 것은
매우 다정한 방법입니다.

죽음의 배에서 뛰어내리는 이야기를 해보겠습니다.

1970년대 말 저는 뮌헨 퀴빌리에 극장Cuvilliés-Theater에
서 제가 아는 가장 유쾌한 연극을 봤습니다. 〈브란트너 카스
파어와 영원한 삶Der Brandner Kaspar und das ewig' Leben〉이라는 희
극이었습니다. 쿠르트 빌헬름Kurt Wilhelm의 연출로 프리츠 슈
트라스너Fritz Straßner, 토니 베르거Toni Berger, 구스틀 바이르하
머Gustl Bayrhammer 등 유명 배우들이 공연했죠. 빌헬름은 작가
프란츠 폰 코벨Franz von Kobell의 증조카입니다. 1871년에 코벨
은 코믹 주간지《플리겐데 블레터Fliegende Blätter》에 바이에른
지역 사투리로『브란트너 카스퍼의 이야기G'schicht' von' Brandner
Kasper』를 선보였습니다. 그의 후손이 이를 연극으로 각색한
것이죠.

이 작품은 뮌헨에서 1000회 이상 공연되었으며 역대 가장 인기 있는 작품 중 하나로 꼽힙니다. 다른 여러 지역의 무대에서도 인기를 끌었습니다. 오늘날에도 뮌헨 국민 극장에서 크리스티안 슈트클Christian Stückl 감독이 연출한 연극을 볼 수 있습니다. 언제나 매진이죠.

이 작품은 유쾌함의 전형을 보여줍니다. 주요 등장인물은 두 명입니다. 우선 브란트너 카스파어는 72세로, 가족들을 먼저 보내고 혼자 지내며 소규모 농장을 꾸리고 자물쇠공으로도 일하죠. 상대역의 이름은 보안을크라머Boanlkramer인데요, 숨겨진 의미가 있습니다. 바이에른 지방에서 보안틀Boandl 또는 보안을Boanl은 뼈를 뜻하고 크라머Kramer는 상인을 뜻하는데요, 두 단어를 합치면 뼈를 사고파는 사람, 결국 '죽음 또는 죽음의 사자'를 말합니다.

자, 죽음의 사자가 브란트너의 집으로 찾아옵니다. 하지만 지금은 이렇습니다. 바이에른에서 보안을크라머는 오만하고 위협적인 존재가 아니라 상점을 운영하는 평범한 사람으로 여겨집니다. 그는 언제든 거래할 준비가 되었고 늘 거래를 했죠. 뼈를 사러 온 보안을크라머의 모습은 작가 알폰스 슈바이게르트Alfons Schweiggert의 묘사에 따르면 "고통받는 빈민처럼 핏기 없는", "눈이 움푹 들어가고 볼은 홀쭉한" 모습입니다. 코벨의 표현에 의하면 그는 너무 말라서 관절에서 유난히 덜거덕거리는 소리가 나고 눈빛이 멍한 역겨운 존재라고 합니다. 덧붙이자면 '블로아디Bloadi'라는 단어로도 그의 인상을 표현했는데 이는 바이에른 지방 방언으로 나약하고 연약하다는 의미이며 긍정적인 어감이 담겨 있죠.

> 카스퍼 씨. 저는 보안을 크라머라고 합니다. 저와 함께 가고 싶지 않은지 묻고 싶은데요.
> 뭐라고요? 당신은 뼈를 사고파는 사람이잖소. 이것 보쇼! 저는 당신과 함께 가고 싶지 않소이다. 세상에 기분 정말 더럽네.

크라머는 브란트너에게 함께 가고 싶지 않은지 묻고, 브란트너는 단호히 거절하며 여전히 이곳 지상이 마음에 든다고 대답합니다.

다음 장면은 이렇습니다. 죽음의 사자는 명령을 내리는 게 아니라 오히려 웅얼거리며 간청합니다. 사과하듯 목을 가다듬고 자신은 결백하다면서 애걸하며 문을 두드립니다. 슈바이게르트는 이렇게 말합니다. "보안을은 항상 벌벌 떨며 양심에 가책을 느끼지만 그래도 신성한 임무를 수행하는데,

이런 대우는 불쾌할 것이다." 바이에른에서는 보안을크라머가 문을 두드릴 때 겁먹지 않습니다. 죽음은 특별한 것이 아니라 그다지 존중받지 못하는 일상의 모습이라 여기죠.

이제 협상이 시작됩니다. 죽음의 사자는 그럴 줄 알았다고 말합니다. 그는 브란트너를 데려가야 합니다. 그것이 순리입니다. 그렇다면 봄이면 어떨까요? 괜찮겠죠?

브란트너는 아니라고 대답합니다. 작은 새들이 언제나 아름답게 노래해서 떠나기 싫다고 말합니다. 이런 식으로 계속됩니다. 여름에는 너무 더워서, 겨울에는 너무 추워서, 가을에는 사냥과 10월 사냥대회가 있어 영원히 누워 있기에는 인생이 너무 좋아 못 간다고 말합니다.

죽음의 사자는 이런 대답을 예상했지만, 언젠가는 반드시 데려가야 한다고 말합니다. 그는 영원히 살고 싶은 걸까요? 그럴 수는 없죠.

주인공의 이름은 브란트너 성은 카스파어인데, 코벨 작품에서는 브란트너라고 불리지만 빌헬름의 연극에서는 간간이 카스파어라고도 불립니다. 브란트너는 협상을 미루면서 영리하게 꾀를 부립니다. 우선은 선반에 체리로 담근 독한 술 두 잔을 꺼내 죽음의 사자를 취하게 만들고 카드놀이를 시작하죠. 카드놀이를 하는 동안 그는 잔뜩 취한 죽음의 사자를 속여 수명 18년을 따냅니다. 죽음의 배에서 도망가는 대표팀이 있다면 브란트너 카스파어가 바이에른주 대표팀 명예 주장일 것입니다.

문제는 이 소식을 성 베드로가 알게 됩니다. 그는 보안을 크라머를 불러 단호하게 말합니다. 누구도 자신이 얼마나 오래 살지 선택할 수 없다고 말이죠. 보안을크라머는 다시 지상으로 내려와 공손하게 브란트너 집 문을 두드립니다. 하지만 브란트너는 무례하게 굴죠. 약속은 약속이고 거래는 거래라면서 자신은 아무것도 물리지 않겠다고 버팁니다.

죽음의 사자가 브란트너를 설득합니다. 특별 마차에 올라타는 것이라며 간곡하게 부탁합니다. 한 시간 후에 다시 돌아올 테니 그동안 카스파어는 자유롭게 천국을 구경할 수 있다고 말하죠. "진짜 구경만 하는 거죠?" 브란트너 카스파어가 물었습니다. "그렇게 말씀하시면 그렇게 하는 거죠." 죽음의 사자가 대답했습니다.

그들은 코벨이 묘사한 대로 화사한 꽃과 과일이 가득하고 천사들이 화환을 달고 거니는 천국으로 갔습니다. 그곳에서 일어나야 할 일이 결국 일어나고 말았습니다. 전쟁 중에 잃은 두 아들이 그를 보고 기뻐하며 달려옵니다. 먼저 세상을 떠난 아내와 너무나 보고 싶었던 친구들도 모두 그곳에 있었습니다. 그들은 서로 따듯하게 인사합니다. 그때 천사가 카스퍼에게 다가와 보안을크라머가 다시 지상으로 돌아갈 준비를 끝마쳤다고 전하죠.

아니요, 아니요! 카스파어는 그에게 혼자 돌아가라고 말합니다. 지상의 세계는 더 알고 싶지 않고, 자신은 이곳에 머물 것이며 천국을 허락해 주신 하느님의 은혜에 감사한다고 전합니다.

누군가는 이를 기독교의 케케묵고 말도 안 되는 순진한 이야기라고 일축할 수도 있습니다. 하지만 그렇게 말한다고 이야기의 핵심을 파악할 수 있을까요?

이 이야기는 본질적으로 삶에 대한 욕망과 죽음에 대한 경멸을 동시에 다룹니다. 사람들은 죽음에 관한 이야기를 비웃어 버립니다. 죽음의 사자가 위협적이지 않아 인간은 그를 술에 취하게 만든 후 카드놀이를 하여 추가 수명을 얻어낼 수 있죠. 하지만 죽음의 부름을 받은 자는 거부할 수 없습니다.

물론 삶에서 죽음이 불러오는 공포의 위력은 사라지지 않습니다. 그런 죽음에서 잠깐이라도 가시를 제거하는 것은 매우 다정한 방법입니다. 죽음은 어떤 경우에도 심각합니다. 하지만 인간이기에 죽음을 다른 방식으로 만들어낼 수 있죠.

이야기 속의 인물로도 만들 수 있고, 죽음에 대해 좋은 농담을 하는 기회도 만들 수 있습니다. 저는 이런 기회 자체가 위로라고 말하고 싶습니다.

더 이야기하자면 죽음을 너무 심각하게 여기기 때문에 우리는 자신과 삶의 즐거움 사이를 너무 자주 가로막습니다. 본질적으로 모든 종교는 죽음 이후에 훨씬 더 나은 세상이 기다린다고 약속합니다. 이러한 약속은 죽음의 두려움을 극복하기 위한 전략 아닙니까?

하지만 종교가 없다면 무엇으로 죽음에 대한 두려움을 없애겠습니까? 일상 곳곳에서 발견되는 젊음 숭배 문화는 어떻습니까? 성형하고, 주름을 펴고, 담배를 끊고, 식단 조절을 하는 등 이 모든 것 뒤에는 종교도 코미디도 없이 살아가는 삶의 공허함과 죽음에 대한 두려움이 있지는 않을까요?

인생을 유쾌하게 살고 싶다면 먼저 죽음의 두려움을 마주해야 할까요? 우리는 세상의 종말과 종말이 다가오는 두려움으로 다시 돌아갑니다. 죽음은 지극히 개인적이며 사적인 세계의 종말이겠죠? 우리는 모두 각자의 종말을 맞이할 것입니다. 이보다 더 확실한 것은 없죠. 그러니 그날을 두려움 속에 기다리기보다 즐거운 마음으로 기대하는 것이 더 나을 겁니다.

16

웃음과 눈물이
오가는 장례식장

우리는 위로를 기대했습니다.
위로받고 싶은 감정을 밀어내거나
영혼 속으로 꾹 눌러버리거나
탁자 위에 올려놓고 무시하지 말고
받아들여야만 위로를 얻을 수 있습니다.

이 책을 쓰는 동안 제 친구가 세상과 이별했습니다. 저는 그의 장례식에서 대표로 추도문을 읽으면서 그의 인생, 우리가 친구로 지낸 오랜 시간, 친구가 병에 걸려 직장을 그만두고 병마와 싸웠던 시간, 그리고 죽음에 이른 순간까지 되돌아봤습니다. 우리가 함께했던 즐거운 순간이 참으로 많았습니다.

저는 신문사에서 기자 생활을 할 때 그와 같은 편집부에 있었다고 추도문을 시작했습니다.

사무실에는 전화기가 두 대 있었습니다. 각자 한 대씩 사용했죠. 친구는 전화를 많이 사용했고 저는 거의 사용하지 않았습니다. 가끔 전화 두 대가 동시에 울렸는데 모두 카린이라는 이름의 여자가 친구를 바꿔달라는 전화였죠. 때로는 그의 여자친구가 세 명인 적도 있었습니다. 친구는 그 여자들을 모두 좋아했죠. 저는 그 사실이 혼란스러웠습니다.

때로는 세 명이 동시에 전화를 걸기도 했습니다. 하나는 제가, 다른 하나는 친구가 받았죠. 세 번째 카린은 친구가 통화 중이라고 생각했겠죠. 전화기가 두 대만 있었으니까요. 저는 수화기에 대고 지금 당신이 통화하고 싶은 사람이 아주 바쁘니까 나중에 다시 전화하라고 자주 말했습니다. 사실이 그랬거든요.

장례식장에서 웃음과 눈물이 오갔습니다. 참으로 바람직한 모습이었죠.

또 다른 이야기가 떠오릅니다. 1989년 12월, 코미디 그룹 몬티 파이선의 리더이자 영화 〈라이프 오브 브라이언Monty Python's Life of Brian〉의 주연 배우 그레이엄 채프먼Graham Chapman의 추도식이 열렸습니다. 친구이자 몬티 파이선 동료인 존 클리즈John Cleese가 추도문을 읽었습니다. 영화 역사상 가장 유쾌한 배우 중 한 명으로 꼽히는 클리즈는 자신이 인생에서 많은 것을 성취했으며 그중 영국 텔레비전에서 최초로 욕설을 내뱉은 사람이라는 점을 무엇보다 자랑스러워했습니다.

추도문을 작성하고 있는데 세상을 떠난 채프먼이 다가와 속삭였다고 합니다. "이 장례식이 정말 나를 위한 것이라면, 나는 네가 영국 장례식에서 '젠장'이라고 말한 최초의 인물이 되면 정말 좋겠어." 그런데 그는 그렇게 말할 자신이 없다고 덧붙였습니다. "채프먼이 살아 있었다면 아마 그럴 수도 있었을 겁니다. 왜냐하면 그는 항상 나에게 자신감을 주었기 때문이죠. 하지만 사실 저에게는 그가 가진 진정한 용기가 없습니다. 그의 위대한 반항, '내 멋대로 살래!'의 멋진 정신이 저에게는 없습니다." 클리즈는 욕하지 않고 욕을 발설한 셈입니다.

친구의 병이 깊어지면서 우리가 전화할 때면 그는 병원에서 막 나왔거나 병원으로 가는 길이거나 아니면 병원에 있었습니다. 사람들은 그의 폐를 샅샅이 살펴보고 심장 혈관에 스텐트를 밀어 넣고 코를 수술하고 골절도 치료했습니다.

제가 존경하는 작가 로어 볼프Ror Wolf가 떠올랐습니다. 볼프 작품의 주요 인물 한스 발트만Hans Waldmann은 등장하는 작품마다 가장 터무니없고 파괴적인 운명의 공격을 받지만, 언제나 일어나 자신의 길을 확고하게 걸어갑니다. 그는 죽음의 배 탈출하기의 세계 최강자입니다.

발트만이 보내는 지상의 삶은 추락하고 넘어지고 가라앉고 더 깊은 곳으로 추락하고 또 아래로 당겨지지만 다시 일어납니다. 마치 제 친구의 삶처럼, 그리고 다음 표현처럼 말이죠.

발트만, 69세의 나이로
어느 시립 병원에 꼼짝없이 입원했다.
사람들이 그의 몸 여기저기를
붙이고 꿰매고 묶고
찢어서 다시 봉합한다.
침대에 누워 있다.
한스 발트만은 살아 있다.

작품 속 발트만은 찢기지만 계속 살아납니다. 등장하는 문단마다 몸을 사리지 않습니다.

꽉 끼는 압박 스타킹이나
침대 매트리스에서도
밤이 되면 나온다.
붕대에서도 병실 벽에서도

끈적거리며 스멀거리는 고름에서도
염증에서도
소독약 냄새가 난다.
거기에 취한다.

이보다 더 분명하게 표현할 수도 없고 과감하게 말할 수
도 없지만, 운명을 거스르는 부인할 수 없는 유쾌함과 가벼
움이, 빛 속에 부유하는 먼지처럼 우리의 거친 움직임에도
절대로 잡히지 않는 무엇인가가 자리 잡고 있습니다. 특히
작가가 매우 간결하게 말했듯이 한스 발트만은 언제나 자신
의 비참함을 이겨내고 자리에서 일어나 자기만의 길을 나아
갑니다.

발트만은 여기저기 찢기고 베었다.
그는 결국 집에 돌아왔다.
한스 발트만은 오늘도 여전히 살아 있다.
여기에도 상처가, 저기에도 상처가 있다.
그런데도 새롭게 거듭나기 위해
그는 마침내 새로운 모험을 떠난다.

수많은 발트만의 이야기는 끝이 나지만, 최악의 상황에서 언제나 살아남은 그의 삶은 계속됩니다.

볼프는 자기 작품에 대해 "기본적인 분위기는 가볍고 우울하고 장난 같지만, 그 실체는 진지하고 기괴하면서 동시에 쾌락과 재미를 추구하는 두려운 음모다"라고 말합니다. 이는 인생을 수용하는 방식으로도, 심지어 인생이 이런 것이라고 주장하기에도 훌륭한 견해라고 생각합니다. 그의 견해가 실현되는 언어의 무심함과 매력은 더욱 대단합니다. 왜냐하면 그의 작품을 읽는 순간 유쾌함이 절로 느껴지기 때문이죠.

볼프의 작품을 편집한 프리트마어 아펠Friedmar Apel은 볼프의 작품 세계가 "독자의 세계와 다를 바 없지만 의사소통, 의미와 목적, 엄숙한 의미의 말을 강요하는 자연스러운 의무에서 해방되었다"라고 말했습니다. 로타어 밀러Lothar Müller에 따르면 볼프는 진지함과 코미디 사이의 의무적인 대조에 관심이 없다고 합니다. 비평가 미하엘 슈바이처Michael Schweizer는 볼프의 작품을 두고 독자에게 "황폐함 속에서 존엄함을, 존엄함 속에서 평화를" 선사한다고 했습니다.

바로 이것이 우리를 행복하게 만듭니다.

잘 있어라, 우리는 곧 죽을 것이다.

죽음은 매일 벌어지지 않는다.

곧 추워지고 세상의 빛이 변할 것이다.

누군가가 와서 우리의 뒤를 이어갈 것이다.

머리로 바람이 불어와 귀에 휘파람을 분다.

로베르트 게른하르트는 볼프와 달리 고상하고 진지한 톤을 추구하며 긴 서사시를 쓰는 사람에게 이렇게 말했습니다.

당신의 기법은 끔찍하게도 낡아빠졌군! 볼프의 한스 발트만과는 완전히 다르네!

여기에 삶 전체가 있습니다. 고통과 타락, 공포와 쾌락, 재미와 두려움이 존재하죠. 이 모든 것이 유쾌함이라는 형태로 구현되어 있습니다. 여러분이 원한다면 누릴 수 있어요. 저는 그렇게 할 것입니다.

최근 볼프의 일기 『환상의 서로 다른 연속Die unterschiedlichen Folgen der Phantasie』을 읽었습니다. 1966년부터 1996년까지의 기록으로 2022년에 출간되었죠. 내용은 누구도 원치 않는 삶에 관한 이야기입니다. 원고료를 계속 미루는 출판사와 자신의 원고를 탐탁하지 않게 보는 심술궂은 편집자, 시끄러운 이웃이 살고 창틀이 썩어가는 초라한 아파트 등 우울한 삶을 사는 이야기입니다. 가짜로 당뇨병 진단을 받은 사람들의 삶을 지옥으로 만드는 미끈둥한 독한 술과 의사에 관한 이야기이며 형편없는 음식을 먹고 허름한 호텔에서 묵는 불평불만이 가득한 여행에 관한 이야기이자 통조림 식품과 과도한 음주와 비생산적인 섹스와 가난뱅이의 싸구려 침대에 관한 이야기입니다.

이는 날것의 변치 않은 존재의 이야기입니다.

1971년 10월 11일, 볼프가 장학금을 받고 베를린에 살았을 때의 기록입니다. "베를린의 반제호수Wannsee에서 산책하는 사람, 소시지를 먹는 사람, 피클을 먹는 사람, 독한 술을 마시는 사람으로 살아간다."

같은 해 11월 16일 프랑크푸르트의 새 아파트로 이사한 그는 기록을 남겼습니다. "나는 독한 술로 내 수명을 단축하려 한다. 창밖 저 멀리 보이는 칙칙한 경치에서 정유소 기름 냄새가 밀려온다. 고속도로 진입로의 회전교차로 다리에서 밤이고 낮이고 자동차들이 시끄럽게 밀려온다. 햇볕이 내리쬘 때도 기름 탱크와 굴뚝이 파란 하늘을 끈적하게 만든다. 가끔은 완전히 다르게 보일 때도 있다."

가끔이라니, 세상에. 그는 그곳에 2년 넘게 살았습니다.

그 시간을 어떻게 보낸 걸까요?

한스 발트만이 앉아 있던 자리에서 일어섰다.
그리고 인생은 다시 즐거워진다.

하나 더 이야기해 보겠습니다. 제 친구는 지금 묘지공원에 안치되었습니다. 묘비도 봉분도 없이 그의 유골함은 나무아래 땅속에 있습니다. 고인의 이름 표지판은 나무에 나사로고정되었습니다.

친구의 나무에는 이름 표지판이 두 개입니다. 친구의 표지판과 다른 한 명, 그 이름은 카린입니다. 믿을 수가 없어요! 이런 완벽한 우연이라니요.

우리는 위로를 기대했습니다. 위로받고 싶은 감정을 밀어내거나 영혼 속으로 꾹 눌러버리거나 탁자 위에 올려놓고무시하지 말고 받아들여야만 위로를 얻을 수 있습니다. 유쾌한 것과 고통스러운 것은 분리되지 않습니다. 왜냐하면 토마스 만의 생각대로 어려운 것을 쉬운 것으로 바꾸는 일은 고통 없이 이루어지지 않기 때문입니다. 그렇지 않다면 모든일이 저절로 쉬워질 겁니다.

우리는 볼프의 문장을 통해 자신과 다른 사람의 삶을 돌아볼 수 있습니다. 발트만의 이야기 속에서 저는 항상 제 친구와 그의 고통을 봤죠. 아마도 그곳에 위로가 있음을 인식했기 때문일 겁니다. 어떤 일에도 혼자가 아니라, 그것을 알고 이야기해 주는 사람이 있음을 이해한 것이죠.

볼프의 문장에 나오는 모든 악이 과감하게 이름을 달고 형태가 부여되고 운문으로 표현되어 운율이 맞춰진 후에 이 모든 것이 유쾌함으로 변할 때, 진정으로 커다란 위안이 됩니다. 아니, 아니요, 잠깐만요. 이것은 사실이 아닙니다. 아무것도 바뀌지 않았어요. 왜냐하면 이는 그가 한 작업의 위대한 장점이기 때문입니다. 유쾌하면서도 동시에 진지해서 하나의 선으로 명확하게 구분되지 않기에, 정확하게 어디가 끝이고 어디가 시작인지 말할 수는 없는 일이죠.

17

'친구들이여,
어두운 방에서
도망쳐라!'

'친구들이여, 어두운 방에서 도망쳐라!'
유쾌할 때는 사실 무엇이든 좋습니다.
이 말은 생각의 방에서 무언가를 다루기 전에
먼저 바깥세상을 바라보라는 의미입니다.

앞서 살펴봤듯이 '유쾌함'이라는 개념은 어떻게 이토록 모호한 의미가 되었을까요? 술부터 농담에 이르기까지, 유쾌한 풍경에서 즐거운 봄날까지 그토록 많은 것이 어떻게 연관되었을까요? 이 모든 것을 우리가 무의미하게 만들지는 않았나요?

질문을 더 해보겠습니다. 독일에서 유쾌함과 관련된 모든 것을 사소하고 가볍고 중요하지 않다고 생각하면서, 심각하고 우울한 것에 경의를 표하는 이유는 무엇인가요? 그리고 질문이 하나 더 있습니다. 이 모든 것이 정말 사실입니까?

개념의 역사로 여행을 떠나봅시다. 저는 지금처럼 어려운 시대를 겪은 사람들이 이 단어를 어떻게 사용했는지 알고 싶습니다. 2001년 출간된 독일 문헌학자 하랄트 바인리히 Harald Weinrich의 『유쾌함의 짧은 문학사Kleine Literaturgeschichte der Heiterkeit』를 손에 들고 그의 생각을 따라가 보죠.

재미있게도 실러의 『발렌슈타인』 서막은 이미 앞에서 말한 내로 인생은 진지하고 예술은 유쾌하다는 유명한 구절로 끝을 맺습니다. 당시에는 유쾌함이라는 단어의 의미가 축소된 것 같지 않습니다. 여기서 우리는 질문의 핵심에 도달했습니다. 당시 유쾌함은 과연 어떤 의미였을까요? 『발렌슈타인』 3부작은 희극과 거리가 아주 먼 영웅의 암살로 끝납니다. 매우 비극적이죠.

그렇다면 실러는 왜 유쾌하다고 했을까요? 예술의 어떤 점이 그토록 유쾌한가요? 이를 이해하려면 단어를 받아들이는 현재의 피상적 관념에서 잠시 벗어나야 합니다. 실러가 자기 작품을 즐긴 이유는 현실을 통제할 자유가 있었기 때문입니다. 그는 자신의 실제 생활을 『발렌슈타인』이라는 타인의 삶으로 가져와 시적 형태로 변형했습니다. 어떻게 구성했든 간에 그는 유쾌하게 이 형태만을 "현실의 한계로부터의 해방"이라고 했습니다.

그는 『인간의 미적 교육에 대하여 Über die ästhetische Erziehung des Menschen』의 22번째 편지에서 "거장의 진정한 예술

비법은 그가 형식을 통해 소재를 소멸시키는 데 있다"라고 말합니다. 그렇습니다, 소멸은 아름답습니다. 유쾌함이 진지함을 잠식해 버리고 형식이 소재를 삼켜버립니다. 이는 실러가 시 「이상과 삶Das Ideal und das Leben」에서 묘사한 이상주의적 예술의 개념입니다.

하지만 유쾌한 그곳에서

순수한 형태가 머무는 그곳에서

더는 슬픔의 폭풍이 몰아치지 않는다.

이곳은 고통이 영혼을 찢지 않고

이곳은 눈물이 고통으로 흐르지 않고

오직 용감한 저항의 정신만이 흐른다.

사랑스러운 색의 아이리스 불꽃처럼

천둥 구름 위의 향기로운 이슬을 머금은

우울한 베일 사이로

고요하고 유쾌한 푸른색이 반짝인다.

참고로 『발렌슈타인』 3부작은 『발렌슈타인의 진영 Wallensteins Lager』, 『피콜로미니 일가Die Piccolomini』, 『발렌슈타인의 죽음Wallensteins Tod』이며, 요한 볼프강 괴테의 지휘로 1798

년과 1799년 바이마르 궁정 극장에서 초연되었습니다.

과테는 서막에서 다음과 같은 작지만 중요한 변화를 주었습니다. "인생은 진지하고, 예술은 유쾌하다"라고 하지 않고, "예술은 유쾌해야만 한다"라고 하죠. 이는 각각 예술에 대한 서로 다른 견해를 반영합니다. 실러는 예술이 형식과 함께 작용하는 것이기에, 그 자체로 이미 유쾌하고 지루한 현실을 시적 형식으로 변화시키고 사라지게 하는 행위가 유쾌하다고 생각했습니다.

괴테의 생각은 조금 달랐습니다. 그에게 있어 즐거운 것은 예술 자체가 아니라 예술의 형식이었죠. 괴테에 따르면 예술가는 기준을 충족해야 합니다. 예술가는 먼저 스스로 소재에서 유쾌함을 끌어내야 하죠. 그는 "말하고자 하는 바가 분명하고 유쾌함이 묻어나며 가볍게 전달될 때 우리는 환희를 느낀다"라고 썼습니다. 괴테는 예술은 정의상 유쾌하지 않지만, 유쾌해야만 하기에 옳고 바람직한 형식을 따라야 한다고 말합니다.

바인리히에 따르면 유쾌함은 "괴테가 가장 좋아하는 단어로, 실제로 괴테 문학의 핵심어"입니다. 바인리히는 괴테가 일상에서 동료들의 쾌활한 성격을 높이 평가하는 풍부한 증거를 찾았습니다. 스트라스부르에서 임상 실습을 강의한

의학 교수가 많은 이야기를 들었다고 합니다. 괴테는 법률 외에도 의학 분야까지 다루지 않은 것이 없을 정도였습니다. 그는 위대한 '유쾌함과 편안함'으로 학생들을 침대로 이끌기도 했죠. 학생 중에는 인근 제센하임Sessenheim 지역 목사의 딸인 프리데리케 브리온Friederike Brion도 있었습니다. 괴테는 그의 얼굴이 "파괴되지 않는 평온함이 푸른 하늘과 경쟁하는 것처럼" 보인다고 표현했습니다.

괴테의 작품 『젊은 베르테르의 슬픔Die Leiden des jungen Werthers』 시작 부분에 이런 표현이 나옵니다. "봄의 달콤한 아침처럼 놀라운 평온함이 제 영혼을 사로잡았습니다. 저는 온 마음을 다해 이를 즐기고 있습니다." 작품 속 주인공이 두 번째 편지에 이렇게 썼습니다. 하지만 그는 결국 스스로 목숨을 끊고, 우리는 유쾌하게 시작되는 또 다른 비극을 맞이하죠. 괴테 자신도 희곡 『괴츠 폰 베를리힝겐Götz von Berlichingen』이후 두 번째 성공을 거둔 이 책을 집필할 때 자살 충동에 시달렸던 것 같습니다. 나중에 그는 스스로 마음에서 슬픔을 근원적으로 제거하여 "폭풍우가 몰아치는 상황에서 나 자신을 구원했다"라고 썼습니다.

비참한 폭풍우에서 스스로를 구원한 바닷가는 당시 그가 살았던 유쾌하고 소박한 작은 도시였으며, 그가 마지막으로 여행한 곳은 위대한 로마였습니다. 그는 사망하기 5년 전인 1827년에 다음과 같이 썼습니다.

> 친구들이여, 빛이 너희들을 굴절시키는
> 이두운 방에서 도망쳐라.
> 빛은 가장 비참한 고통으로
> 비뚤어진 형상으로 몸을 구부린다.

이는 괴테가 자신의 색채이론에 관해 쓴 글입니다. 그는 이 주제를 다른 방식으로 다룬 아이작 뉴턴 Isaac Newton 과 뚜렷한 대조를 보입니다. 뉴턴은 빛의 굴절과 색의 생성을 연구하기 위해 프리즘을 사용했고, 암실에서 실험했습니다. 괴테는 반대로 빛이 가득한 환경을 선호했습니다.

'친구들이여, 어두운 방에서 도망쳐라!' 유쾌할 때는 사실 무엇이든 좋습니다. 이 말은 생각의 방에서 무언가를 다루기 전에 먼저 바깥세상을 바라보라는 의미입니다.

바인리히는 우리가 말하는 유쾌함이라는 영혼의 상태가 독일에서 실러부터 하인리히 폰 클라이스트에 의해 어떻게 시, 철학, 삶에 대한 시적 견해 등을 만들었는지 보여주었습니다. 클라이스트는 기꺼이 죽음을 받아들인 홈부르크 공자라는 인물을 만들었는데, 잘 알려진 그의 외침은 엄숙하고 유쾌합니다.

오 불멸이여, 당신은 이제 온전히 나의 것이오!

클라이스트는 반제 호숫가에서 스스로 생을 마감했습니다. 그는 시 「내가 죽은 날 아침Am Morgen meines Todes」을 통해 여동생 울리케에게 말합니다.

행복하고 평온한 세상과 함께하는 나는

다른 누구보다 가장 소중한

나의 울리케와 화해하지 않고는 죽을 수 없다.

네가 나에게 한 일은 여동생으로서의 노력이 아니라

나를 구원하기 위한 한 인간의 노력에서 비롯되었다.

하지만 진실은 내가 이 지상에서

너의 도움을 받을 수 없다는 것이다.

이제 작별이다. 하늘이 너에게

기쁨과 형언할 수 없는 유쾌함을 허락하시고

그 절반의 유쾌함으로 나에게 죽음을 허락하시기를!

이것이 내가 너를 위해 품을 수 있는

가장 따듯하고 간절한 소원이다.

바인리히는 어떻게 서술했을까요? "우리는 보았다. 유쾌함은 가장 적은 비용으로도 얻을 수 없지만, 슬픔의 자녀에게도 오지 않는다는 것을 우리는 말하고 싶다. 오히려 행복과 슬픔, 기쁨과 슬픔, 재치와 슬픔을 오가는 사람들에게…."

하인리히 하이네는 「밤에 떠오르는 생각Nachtgedanken」이라는 작품 첫 부분에 독일에 관해 서술합니다.

밤에 독일을 생각하다 보면
나는 잠을 이룰 수 없다.
눈을 감을 수도 없이
뜨거운 눈물이 흐른다.

그러고는 프랑스에 대해서도 말합니다.

다행이구나! 창 너머로
프랑스의 유쾌한 햇살이 비쳐 온다.

아내가 아침처럼 화사하게 다가와

독일 걱정을 미소로 떨쳐준다.

이 이야기는 독일인의 진지함과 프랑스인과 이탈리아인의 유쾌함을 다룹니다.

이 내용은 이후 1984년 출판된 크리스토프 란스마이어 Christoph Ransmayr의 『빙하와 어둠의 공포 Die Schrecken des Eises und der Finsternis』에서 찾을 수 있습니다. 이 작품은 장교 바이프레히트와 파이어 등으로 구성되어 1872년부터 1874년 사이 원정을 떠난 오스트리아–헝가리 북극 탐험대의 이야기를 다룹니다. 이 탐험으로 그들은 스피츠베르겐섬 동쪽의 프란츠요제프제도를 발견합니다. 여기서 추위와 어둠을 경험해 본 노르웨이인, 덴마크인, 러시아인만 탐험에 포함해야 하는지 고민하는 대목이 있습니다. 바이프레히트는 다른 나라 사람들도 함께 가기로 결정합니다. 책을 인용해 보겠습니다.

하지만 이탈리아인과 달마티아인은 겨울밤의 어둠 속에서도 조용하고 바람이 불지 않을 때면 얼음 위에서 횃불을 밝혀 보체(이탈리아의 구슬 굴리기 놀이—옮긴이) 게임을 할 것이다. 바이프레히트는 이후 친구에게 편지를 보내 자신이 매우 존경하는 남유럽 사람들을 데리고 갔다고 썼다. 그들은 북극의 위협에서도 사람이 지닐 수 있는 가장 소중한 것, 바로 유쾌함을 유지할 줄 알았기 때문이다.

우리는 유쾌함의 넓디넓은 개념을 보고 있습니다. 신성하게 격상된 개념부터 실용적이고 일상적인 삶의 관점까지, 죽음에 다다른 영혼의 충만함부터 태양에 흠뻑 빠진 남부인의 영원한 행복에 가까운 마음 상태까지 말입니다. 이 단어의 개념이 이토록 모호해 보이는 것은 당연합니다. 이미 너무 많은 의미가 담겼다가 다시 빠져나갔으니까요.

바인리히는 이 용어가 괴테와 실러의 시대부터 비더마이어Biedermeier 시대(1815~1848년 독일의 비정치적 경향·형식을 나타내는 용어—옮긴이)까지 어떻게 변화했는지 추적했습니다. 오스트리아 소설가 아달베르트 슈티프터Adalbert Stifter 작품의 등장인물들은 때때로 온화한 유쾌함과 조용한 행복, 영혼의 기쁨인 푸른 하늘 때문에 어디로 가야 할지 모릅니다. 그리고 이 단어는 문학을 떠나 헤겔Georg Wilhelm Friedrich Hegel, 쇼펜하우어Arthur Schopenhauer, 그리고 『즐거운 학문Die fröhliche Wissenschaft』을 쓰고 신은 죽었다고 선언한 니체에 이르러 철학적 대상이 됩니다. 일반적으로 행복은 니체와 자연스럽게

202

연결되지 않습니다. 니체의 시 「해가 진다Die Sonne sinkt」에서 볼 수 있듯이 그의 유쾌함은 실제로 비극적 분위기를 지닌다는 사실과 관련 있습니다.

> 유쾌함이여, 황금빛이여, 어서 오라!
> 가장 은밀하고 가장 달콤한
> 죽음의 즐거움이여!
> 내가 너무 빨리 걷는 걸까?
> 이제야 발이 아파오니
> 너의 시선이 나를 따라잡고
> 너의 행운이 나를 따라잡는다.

긴 숨을 내쉬어 봅니다. 클라이스트는 여기에 장난스럽게 반대하는 사람이었습니다.

이쯤에서 1967년 예술의 유쾌함에 관한 논쟁을 촉발한 글, 즉 테오도어 아도르노Theodor W. Adorno가 《쥐트도이체 차이퉁》에 기고한 「예술은 유쾌한가Ist die Kunst heiter」를 살펴볼 필요가 있습니다. 아우슈비츠 이후 자본주의 체제에 관한 그의 논점을 다음과 같이 요약할 수 있을 듯합니다. 쾌활함은 통제적인 조건과 "강력한 합의"가 아닌 이상 더는 불가능하다는 것입니다. 그가 막스 호르크하이머Max Horkheimer와 함께 저술한 『계몽주의 변증법Dialektik der Aufklärung』에서 단언한 대로, "즐거움은 동의하는 것을 의미한다"라는 말은 지배적인 상황에 "즐겁게 동의한다"라는 뜻입니다. 아도르노에 따르면 모든 쾌락은 유쾌함을 굴복시키고 유용하게 만들어 형태를 변질시킨 권력과 거짓으로 화해해야 한다고 말합니다. 이런 분석은 독일인이 때로는 가벼움과 즐거움보다 진지함을 더 중시한다는 생각을 이끕니다.

하지만 이후 오도 마르크바르트Odo Marquard와 페터 슬로터다이크Peter Sloterdijk와 같은 철학자들은 아도르노의 태도에서 모순을 발견합니다. 그런데 저는 독서용 의자에 앉아 그들의 작품을 읽다가 지적 가능성의 한계를 뛰어넘은 논의로 인해 철학적 낮잠에 빠져들고 말았습니다. 저는 나른하고도 무기력하게 코를 골며 오후를 보냈습니다.

낮잠에서 눈을 떴을 때 작가 빌헬름 게나치노Wilhelm Genazino가 2003년 프랑크푸르트 문학관에서 '옷장 속 교수'라는 제목의 강연에서 꺼낸 일화가 생각났습니다.

게나치노는 한 독자가 《프랑크푸르터 알게마이네 차이퉁Frankfurter Allgemeine Zeitung》 신문에 마치 증언하듯 보낸 편지를 보았습니다. 그 편지에는 아도르노가 예고 없는 방문자를 노골적으로 거부했다는 사실이 담겨 있었습니다. 어느 날 아도르노의 비서는 불쑥 찾아온 아도르노의 미국인 동료를 옆방에서 잠시 기다리라고 했습니다. 그리고 공식적으로 만남을 요청하려고 아도르노의 사무실에 들어갔을 때 방 안은 텅 비어 있었습니다.

아도르노가 숨어 있던 옷장에서 나올 때까지 말입니다.

게나치노는 "만약 아도르노가 옷장에서 탈출하는 모습을 묘사했다면 그 희극은 대성공했을 것이다"라고 말했습니다. 아도르노가 희곡 작가였다면 가능한 일이죠.

앙리 베르그송은 냉정하게 웃음의 역사를 비웃을 수 있겠죠. 하지만 계획 없는 즉흥적인 일이 두려워 친구를 피해 옷장 속에 숨는 사람이 더 많은 공감을 불러일으키기에, 이 일화는 오히려 감동적입니다.

아도르노가 직접 말했다면 웃겼을까요? 어쩌면 훨씬 유쾌했을지도 모릅니다.

18

자의식과잉과 작별하는
두 가지 방법

저는 왜 산책한 후에 기분이 좋아졌을까요?
아마도 마치 어린아이처럼 순수하게 세상을 보고
작은 것에도 감탄하고
아무 의도 없이 있는 그대로 바라봤기 때문입니다.

티롤산의 어느 봄날이었습니다.

이른 저녁 태양이 산 너머로 막 내려갔습니다. 저는 어두컴컴한 방에서 나와 농장 주변의 들판과 길을 산책했습니다. 비가 왔던 터라 온 세상이 촉촉했습니다. 다른 농장으로 이어지는 아스팔트 길 위에서 지렁이 한 마리를 발견했습니다. 길이는 대략 10센티미터 정도로 초록 들판을 향해 기어가는데, 짙은 보라색 몸통 부분을 먼저 앞으로 뻗고 뒤이어 연한 갈색의 복부 부위를 수축해서 들판에 도달합니다.

어찌된 일인지 이 벌레는 마치 몸에서 독립해서 세상을 홀로 탐험하는 작은 동물의 창자와 비슷해 보입니다. 이 생각은 이상하지만 흥미롭군요. 창자는 자신이 속한 창자에서 휴가를 보내는 셈이네요.

저는 지렁이가 식물 사이로 사라질 때까지 15분 정도 지켜봤습니다. 이후에는 보이지 않았어요. 이미 땅속으로 사라졌던 걸까요? 지렁이는 어찌 그렇게 정확하게 땅을 파고드는 걸까요? 제 발밑으로 완전히 들어갈 때까지 얼마나 걸릴까요?

저는 왜 생물학자가 되지 않았을까요? 이런 순간에는 왜 벌레 연구자가 되지 않았는지, 이런 들판에서 파충류를 관찰하면서 삶을 채우지 않았는지 생각합니다.

그러다 지렁이 전문가에게도 일상이 있다는 생각이 들었죠. 그는 벌레를 수집하고 해부하고 기록해서 다른 지렁이 전문가들과 이메일로 정보를 교환해야 합니다. 산책하면서 벌레가 꿈틀거리는 걸 무심히 바라보는 사람이 훨씬 나을 수도 있다는 생각이 드네요.

저는 계속해서 들판의 아주 작은 것들에 시선을 둡니다. 산도 바라보지 않았고 먼 곳으로 시선을 돌려 카이저산맥을 올려보지도 않았습니다. 저는 아래를 바라봤습니다.

촉촉하게 반질거리는 장화 위에 내려앉은 풀잎, 나무줄기에 붙은 이끼, 나무껍질의 골짜기와 고랑, 그리고 어느새 2센티미터 정도 나뭇가지를 파고 들어간 철망 울타리도 눈에 들어옵니다. 나뭇가지가 철망 위로 향하면서 철망을 뚫고 자라난 것 같네요. 땅에는 황화구륜초도 있고 크로커스도 있고 사이사이에 10센티 정도 구멍도 보입니다. 가을에 소들이 있던 곳인데, 2~3주 후면 다시 돌아와 기다란 분홍빛 혀로 시냇물을 마시겠죠.

시냇물은 다양한 물줄기 모양을 만들며 비료를 전혀 사용하지 않은 산지와 황량한 건초 초원 사이를 가로질러 아래로 흐릅니다. 이 초원에는 몇 주에 한 번씩만 물이 공급되어, 영양분을 잘 활용할 수 있는 키가 작은 예쁜 풀만 살아남습니다. 시냇물이 흘러가기 전에 물줄기가 하나로 모였다가 다시 퍼지면서 작은 돌멩이 계단 위로 물방울이 생기고 첨벙거리는 소리도 들립니다.

작은 급류에 노란 테니스공이 떠 있습니다. 테니스공은 빠르게 흐르는 물에 둥둥 떠돌다가 잔잔한 시냇물 가장자리로 흘렀다가 다시 물거품이 올라오는 지점으로 갑니다. 테니스공이 물을 가지고 노는 걸까요? 아니면 물이 공을 가지고 노는 걸까요? 테니스공이 아래로 더 내려갈 것 같다고 생각할 때마다 다시 알 수 없는 힘에 이끌려 물거품 사이로 헤엄쳐 잠시 물결 위에서 춤추다가, 옆으로 빠져나와 쉬더니 투명한 물결 사이로 폴짝 들어가 물방울을 터트립니다.

테니스공은 10분이 지나도, 20분이 가고 30분이 흘러도 멈추지 않습니다. 내일 아침 저는 다시 돌아와 여전히 이 공을 바라볼 것입니다. 멈추지 않는 맑은 시냇물에 푹 빠진 저를 가족들이 찾기 시작했는지 들판 너머로 저녁 먹으라는 소리가 들려옵니다. 오늘 저의 경험을 가족들에게 신나게 이야기하렵니다.

저는 왜 산책한 후에 기분이 좋아졌을까요?

아마도 마치 어린아이처럼 순수하게 세상을 보고 작은 것에도 감탄하고 아무 의도 없이 있는 그대로 바라봤기 때문입니다.

오랜만에 저의 마음을 사로잡은 책을 읽었습니다. 『마쿠라노소시枕草子』입니다. 약 천여 년 전에 일본 왕후의 시중을 들던 여인 세이 쇼나곤淸少納言이 쓴 고전 문학으로, 그는 일상과 궁정 생활의 소소한 일에 집중하여 여러 편의 짧은 수필을 썼습니다.

9월 무렵 밤새 내리던 비가 새벽이 되어 그치고 아침 해가 떠올라 온 세상이 밝게 빛날 때쯤이면 함빡 젖은 궁궐 정원 나무들에 맺힌 물방울이 멋지게 보인다. 비에 젖은 말뚝 울타리와 처마 밑 찢어진 성긴 거미줄은 마치 반짝이는 구슬을 꿰어놓은 것처럼 아름답고 화려하다. 해가 더 높이 떠오르면 비에 흠뻑 젖은 싸리 가지에서 물방울이 떨어지면서 가지들이 순간 솟아오른다. 아무도 건드리지 않았는데 가지들이 움직이는 게 신기하다. 마음의 결이 다른 사람들은 여기서 말하는 내용이 특별하지 않겠지만 그래도 나는 괜찮다.

과장이나 우울감 없이 쉽고 담백합니다. 모든 것이 있는 그대로입니다. 삶과 사물을 아이처럼 인식하고 바라보는 것입니다. 요샛말로 하자면 지금 그리고 여기, 다시 말해 마음챙김에 관한 말입니다. 하지만 그렇게 말해버리는 것은 문제 위에 합성수지를 덧바르고 우리 시대의 터무니없는 낙인을 찍어버리고는 반쪽짜리 사실을 선반에 밀어 넣고 더는 알려 하지 않는 것과 마찬가지입니다.

그렇네요. 저는 인용한 글 같은 내용도 일반적인 아이러니로 공격당하고, 그 섬세하고 사랑스럽고 황홀한 감성과 심지어 비가 많이 내린다는 말까지 조롱당하기 쉽다는 것을 알고 있습니다. 그래도 저는 괜찮습니다. 당시에는 진부하기보다는 진실하게 울림이 전달되었으니까요. 과하게 표현한다고 아이러니가 만들어지지는 않습니다.

그렇다면 어린아이처럼 행동한다는 것은 무슨 뜻인가

요? 첫째 여러 지식 없이 세상에 다가가고, 둘째 호기심 가득한 시선으로 세상의 매력에 자유롭게 관심을 두고, 셋째 어떻게든 지켜야 할 사회적 지위의 무게를 짊어지지 않는 것을 의미합니다.

잠시나마 또는 오랫동안 모든 것을 잊고 "몇 시간 동안 평화롭게 지내며 모기가 나는 방식, 태양 먼지의 주기, 빛 파도의 멜로디와 같은 언뜻 사소해 보이는 대상에 관심을 기울이는 것"을 의미합니다. 헤르만 헤세Hermann Hesse가 쓴 대로 "지금 많은 일들이 일어나고 있다는 것에 대해 놀라움이 점점 더 커지면서 자기 자신을 완전히 잊어버리는 것"입니다. 바로 자기 망각입니다.

촉촉한 들판을 걸음으로써 끝없이 교육받고 강요당했던 사물과 사람을 평가하는 일에서 벗어날 수 있을까요? 이탈리아에서 많은 시간을 보내다 보니 베네치아나 로마를 방문하는 관광객들을 심심치 않게 볼 수 있습니다. 그들 대부분은 항상 손에 스마트폰을 들고 눈에 보이는 모든 것을 사진으로 찍어 각종 SNS에 올립니다. 그곳에서 바로 '좋아요'와 이모티콘으로 타인의 평가를 기다립니다.

사람들은 세상과 직접적인 접촉을 가로막는 것 외에는 아무것도 하지 않는 기계를 두고 즉각적으로 자신을 다른 사람들의 판단기준 아래에 놓고는, 예술과 건축에 대한 생각과 제가 말하려는 '자기 망각'을 불가능하게 만듭니다.

부처와 그의 설법에 대해 간략하게라도 아는 사람이라면 자기 망각은 순수한 행복의 길을 막는다고 여기는 끝없는 자의식과잉과 작별하는 것임을 이해합니다.

신경과학자 모기 겐이치로茂木健一郎는 일본인 삶의 철학을 보여주는 저서 『이키가이Ikigai』에서 일본 후쿠이현의 선불교 중심지 에이헤이지 사원을 방문한 이야기를 합니다. 그곳에서 승려로 받아들여지기 위해서는 비가 쏟아진다 해도 온종일 문 앞에서 기다려야 하는데, 지원자는 문안에서 무엇을 얻는지 문밖에서 이미 배웁니다. 바로 자아를 부정하고 자아와 이별하고 자아를 내려놓는 것입니다.

이 사원에서 수행하는 사람이라면 타인과 구별되는 고유의 특성이 더는 의미가 없다는 것을 깨달을 때 비로소 행복을 얻을 수 있음을 인식합니다. 나는 다른 사람에게 어떻게 보일까? 어떻게 경쟁자보다 더 나은 성과를 낼 수 있을까? 어떻게 최고가 될 수 있을까? 이 모든 것, 이로 인해 발생하는 스트레스는 더는 중요한 질문이 아닙니다.

새벽 3시에 일어나 몸을 씻고 명상하고 청소하고 명상하고 밥과 국과 채소를 먹고 다시 명상합니다. 그는 이렇게 썼습니다. "사원의 분위기에 몰입하는 수행자는 영원할 것 같은 행복을 경험한다. 개성의 결핍과 평가 시스템에서 얻은 실패로 기울어진 마음은 다시 균형을 찾는다. 사원은 고요한 아름다움으로 가득하고 수행자들은 매일의 의식을 수행할 수 있는 환경을 제공받는다."

이 글을 읽으면 바로 짐을 싸서 일본으로 떠나 영원한 행복을 발견하고 싶어질 것입니다. 하지만 여러분은 일을 좋아하고 가족을 사랑하며 함께하고 싶고 또한 이탈리아 레스토랑의 음식은 너무나 맛있죠. 정말로 행복을 찾고자 이토록 따분한 사원을 거닐고 싶습니까? 그리고 새벽 3시는 너무 이르지 않습니까? 안 그런가요?

저는 위대한 행복이 아니라 삶에서 더 많은 즐거움을 이끌어내는 길을 찾고 있습니다. 행복에 관해 이야기가 나오면 저는 의심부터 듭니다. 행복은 너무 자주 보장되지만 결국은 찾을 수 없다는 사실 때문에, 점점 더 불행해지는 사람들을 희생양으로 삼는 비즈니스가 성행합니다.

저는 초원을 가로질러 저녁 산책을 했고 이후 익숙하고 편안한 느낌을 받았습니다. 놀랍게도 바로 우리 정신세계도 똑같이 이런 방식으로 작용합니다. 에이헤이지 사원이 궁극적으로 자아를 해방하기 위함이라면 티롤의 들판 역시 왜소

해진 지친 자아를 잊게 도와줍니다.

제가 유쾌한 사람이 되고 싶다면 자신을 잊는 것을 일상의 일부로 만들 수 있을까요? 이런 태도가 삶에서 기운을 내게 해줄까요?

19

기운을 내라는
말의 의미

"문제는 삶만큼 어렵고, 음산하고, 무섭고, 슬프다.
아니, 삶 자체보다 더 고달프다.
왜냐하면 사상과 예술은 언제나
삶을 초월하고 과장하기 때문이다."

'기운을 내다durchheitern'라는 말은 멋집니다. 이 단어는 다음 단어들과 구조가 비슷한 듯 여겨집니다. 끝까지 굽다durchbraten, 끝까지 밀어붙이다durchsetzen, 끝까지 뚫고 가다durchdringen, 끝까지 견디다durchhalten, 끝까지 해내다 durchmachen, 끝까지 마시다durchsaufen···. 하지만 이 단어는 첫 번째 음절, 그러니까 'durch'에 강세를 두지 않고 두 번째 음절에 강세를 주기 때문에 의미가 다릅니다(독일어의 분리 동사는 강세가 앞에 있고 기본 동사에서 의미를 유추할 수 있지만, 비분리 동사는 그렇지 않음—옮긴이).

기운을 낸다는 것에 관해 이야기해 보겠습니다. 토마스 만의 작품을 통해 이야기해 보죠. 난해하고도 비극적인 『파우스트 박사Doktor Faustus』의 편지에 다음과 같은 내용이 있습니다. "문제는 삶만큼 어렵고, 음산하고, 무섭고, 슬프다. 아니, 삶 자체보다 더 고달프다. 왜냐하면 사상과 예술은 언제나 삶을 초월하고 과장하기 때문이다. 재미있으려면 이야기가 유쾌해야 하고 그러기 위해서는 유쾌함이 필요하다. 그리고 지금보다 더 힘든 상황에서도 나에게 유쾌함은 고갈되지 않았다."

1951년 토마스 만은 《뉴욕 헤럴드 트리뷴New York Herald Tribune》의 서평 편집자 이리타 반 도렌Irita Van Doren에게 자신의 문체에 관해 다음과 같이 이야기했습니다. "제가 추구하는 바는 무거운 것을 가볍게 만드는 것입니다. 저의 이상은 명확성입니다. 독일어가 그런 경향이 있지만 문장이 길어질 때면 저는 자신을 믿고 맡기죠. 시대를 투명하게 통찰하고 설득력 있게 말하는 것이 중요하다고 생각합니다."

그는 자신을 괴테와 실러의 바이마르 전통을 계승하는 사람으로 여겼고, 예술의 개념으로 유쾌함이 얼마나 중요한지 거듭 강조했습니다. 이리타 반 도렌에게 쓴 편지에서 자신을 "우선은 유머 작가"라고 소개하며, 유머란 "인류애이고 지구상에 함께 사는 친근함의 표현으로, 간단하게 말해 연민입니다. 이는 사람들에게 좋은 일을 하고 아름다운 감성을 가르치며 그들에게 해방의 기쁨을 전달하는 것을 목표로 합니다"라고 했습니다. 유머는 겸허와 비슷합니다. 제가 좋아하는 문구죠.

그는 "저는 순교자라기보다는 선구자로 태어났고 싸움과 증오를 불러일으키기보다는 세상에 더 높은 기쁨을 선사하기 위해 태어났습니다"라고 썼습니다. 그리고 재미있는 음악이 있는지 묻는 슈베르트Franz Schubert의 질문을 언급했습니다. 그는 이렇게 대답했죠. "슬픈 예술 작품을 아시나요? 예술의 핵심은 유쾌함입니다." 그에게 유쾌함은 피상적인 기분이 아니라 예술관의 일부였으며 삶과 거리를 두는 하나의 원칙이자 지적 행위였습니다.

이는 『부덴브로크가의 사람들Buddenbrooks』, 『사기꾼 펠릭스 크룰의 고백Bekenntnisse des Hochstaplers Felix Krull』, 『주인과 개Herr und Hund』와 같은 작은 작품을 읽으면 쉽게 이해할 수 있습니다. 『마의 산Zauberberg』에서도 이를 찾아볼 수 있는데, 다보스의 요양원에 모여든 결핵 환자들이 알프스의 공기 속에서 더욱 유쾌하게 죽음으로 나아갑니다.

그렇다면 나치를 피해 로스앤젤레스 근교의 퍼시픽 팰리세이즈로 망명하여 집필한 『파우스트 박사』와 유쾌함은 어떤 관련이 있을까요? 이 작품의 주인공은 작곡가 아드리안 레버퀸입니다. 그의 주요 악곡으로 〈형상으로 본 묵시록

Apocalipsis cum figuris〉과 〈파우스트 박사의 비탄Dr. Fausti Weheklag〉
이 있는데, 책에서 "괴물 같은 비참한 작품", "크나큰 슬픔",
"에케 호모Ecce homo(예수의 고통과 비통함을 의미함—옮긴이)의
몸짓에 대한 지칠 줄 모르는 애도"로 묘사됩니다. 놀랍습니
다. 묵시록과 애도, 비참함과 에케 호모, 여기에 유쾌함을 더
하다니요!

　모든 것이 그의 서술 방식과 잘 어울립니다. 이 책은 우
울하고 외로운 작곡가의 비극적인 삶 이야기입니다. 레버퀸
은 정신병원에서 앞뒤가 맞지 않는 말들을 내뱉다가 화음도
맞지 않는 피아노 연주를 끝내고 치매를 앓다가 생을 마감하
죠. 토마스 만은 레버퀸의 친구에게 이 끔찍한 이야기를 들
었습니다.

　그 친구의 성은 차이트블롬이고 이름은 제레누스로, 라
틴어에서 유래한 제레누스는 유쾌함을 뜻하는 말입니다. 다
른 등장인물로는 "매 순간 부끄러워하며 영원히 얼굴을 붉히
는 생명체" 나케다이, 화자의 아내 헬레네, 라인 헤세 지역
출신의 무해한 식스투스 크리트비스가 있습니다. 그는 늘 신
사들의 저녁 모임을 주최하면서 "모든 것이 매우 우울하다"
라고 생각합니다. 다른 등장인물로 '악마론'을 전문으로 연
구하는 신학자이자 강사 슐렙푸스가 있습니다. 그는 "중간

정도 되는 체구에 검은 망토를 두르고 다니는 불쌍한 인물"
로 묘사됩니다.

이미 말했듯 토마스 만은 유쾌함을 즐기도록 만드는 것
이 핵심이라 했습니다. 그렇다면 즐기도록 만드는 것만이 전
부일까요? 이야기를 늘어놓는 것만이 전부일까요?

네, 이 또한 그렇습니다. 하지만 그 이상으로 격양된 감
정 상태, 비극과 삶을 바라보는 태도가 중요합니다. 유쾌한
것을 설명할 때 그 자체가 유쾌해 보이지 않습니다. 왜냐하
면 사람들이 슬프고 어둡고 실존적으로 끔찍한 것을 부정하
지 않고 이 모두를 원근감 있게 다루지 않으니까요.

하지만 더 나은 방식과 방법으로 완전히 다른 그림을 그
릴 수 있습니다. 무작정 색부터 칠할 수도 있습니다. 온전히
진지하다 해서 인생을 알 수는 없는 일이죠.

그러니 기운을 내는 것이 좋겠죠.

20

독재자는 자신을
비웃을 수 없습니다

그의 굴욕스러운 표정은
지금껏 내가 본 다른 표정과 비교도 안 될 정도였고
눈에 확 들어왔다.
주변에서 웃음이 파도를 타고 전달되어도
그의 고개는 뻣뻣했다.

토마스 만은 망명 중에 『파우스트 박사』를 썼습니다. 이 책은 당시 시대상에 대한 그의 반응으로, 매우 슬프면서도 유쾌합니다.

토마스 만에게 유쾌함은 나치라는 모든 억압과 비인간화에 대항하는 일종의 해독제였습니다. 그는 이를 두고 당시의 공포와 광신주의에 맞서는 밝은 태도라고 말했습니다.

『파우스트 박사』의 주인공 아드리안 레버퀸은 1900년 이후 독일에서 유행했던 유머 없는 예술가의 전형이 되었고 슈테판 게오르게Stefan George, 루트비히 클라게스Ludwig Klages, 오스발트 슈펭글러Oswald Spengler 등 나치 시대를 이겨낸 정신적 개척자와 같은 작가들에 의해 상징이 되었습니다.

토마스 만이 1934년 배를 타고 미국으로 향했을 때, 세르반테스Miguel de Cervantes의 『돈키호테Don Quixote』를 읽고 단편 소설 「돈키호테와 함께하는 항해Meerfahrt mit Don Quijote」를 썼습니다. 그는 전 세계 문학 중 가장 유쾌한 책을 쓴 스페인 몽상가의 "겸손하고 장인다운 분위기와 체질"을 존경했으며 당시 독일 예술가들이 영원한 자아, 고독함, 영성 등을 숭배하는 것을 병으로 여겼습니다. 세르반테스는 "겸손하고 진중하며 지식이 풍부한 장인 정신에서" 시작하여 위대함을 창조한 인물이 되었습니다. 독일에서는 항상 천재가 등장하죠. 하지만 『돈키호테』는 천재의 작품, 세계의 책, 인류의 상징으로 기획되지 않았습니다. 바로 이 태도입니다. 겸손함은 집필 시작부터 있어야죠.

토마스 만은 후고 폰 호프만슈탈Hugo von Hofmannsthal과 나눈 이야기를 기억했습니다. 호프만슈탈은 오스트리아에서 위대한 음악가를 만났을 때 얼마나 유쾌했는지 이야기했죠. 음악가는 말했습니다. "앉으세요. 커피 한 잔 드릴까요? 아니면 바로 한 곡 들려드릴까요?" 이 정도로 여유로웠습니다. 하지만 요즘은 어떤가요? 오늘날 예술가들은 모두 "병든 독수리"처럼 보입니다.

토마스 만은 다음과 같이 썼습니다. "물론 그렇다. 예술가들은 이후 예술이 겪은 축제 과정을 통해 병든 독수리가 되었고, 대체로 예술성을 불행한 방식으로 고양하고 우울하게 만들었으며, 예술을 외롭고 고립되고 이해받지 못하는 '병든 독수리'로 만들었다." 그는 또한 "야망은 스스로 확장하는 작품과 함께 성장해야 하며, 유쾌한 예술에 흥이 오른 예술가는 자아가 아닌 작품과 연결되어야만 한다. 추상적이고 객관적인 야망, 작품과 무관한 야망, 퇴색한 자아의 야망만큼 잘못된 것은 없다. 그런 예술가는 병든 독수리처럼 앉아 있을 뿐이다"라고 말했습니다.

수년이 지나 1953년 그는 믿는 것이 무엇인지 묻는 질문에 편지로 다음과 같이 답했습니다. "나는 선하고 영적이고 자유롭고 대담하고 아름다운 올바름을 믿으며, 이를 한 단어로 말하자면 증오와 어리석음을 희석하는 위대한 해독제, 즉 예술의 주체적인 유쾌함을 믿는다."

파시스트와 나치의 독재자는 웃음을 전혀 모르며, 다른 사람을 비웃고 그의 고통을 조롱하고 얕잡고 업신여깁니다. 그들의 웃음은 언제나 경멸적인 표정을 만들죠. 그들이 스스로를 비웃거나 웃음거리로 삼을 수 있었다면, 그들이 자기 삶과 어느 정도 거리를 둘 수 있었다면 파시스트, 나치 독재자가 되지 않았을 겁니다.

아직 그런 일이 일어나지 않아 다행이지만 어쩌면 독재자가 되고 싶을지 모르는 도널드 트럼프는 2011년 백악관 출입기자단 만찬에 초대를 받았습니다. 이 자리에서 당시 대통령 버락 오바마Barack Obama는 트럼프를 조롱했습니다. 몹시 기분이 상했던 나머지 트럼프는 그때 대통령 선거에 출마하기로 결심했는지도 모르겠습니다.

오바마는 자신의 출생 기록을 공개했습니다. 출생 관련 영상이 일종의 애니메이션으로 화면에 나왔습니다. 그는 하와이주 정부가 출생 증명서를 공개했다고 덧붙였죠. 과거 트럼프와 그의 추종자들은 오바마가 미국에서 태어났다는 사실에 반복적으로 의혹을 제기했습니다. 오바마는 이렇게 말했습니다. "우리는 마침내 저의 출생지에 관한 논쟁을 끝낼 수 있고, 이에 도널드보다 더 기뻐할 사람은 없습니다. 이제 그는 정부가 달 착륙을 조작했는지 아닌지와 같은 중요한 문제를 처리할 수 있을 것입니다."

그런 다음 오바마는 트럼프가 누구를 해고할지 다루는 텔레비전 쇼 〈어프렌티스The Celebrity Apprentice〉를 언급하고 "그렇습니다! 이런 질문으로 그는 밤에도 잠을 이루지 못할 거예요"라고 말하며 그를 우습게 만들었습니다. 당시 오바마는 파키스탄으로 잠적한 오사마 빈 라덴Osama Bin Laden을 잡기로 결정하려 했습니다. 지금 우리는 작전이 성공한 걸 알지만 당시는 실패할 수도 있다고 생각했으니, 만약 그랬다면….

작가 애덤 고프닉Adam Gopnik은《더 뉴요커The New Yorker》에 이렇게 썼습니다.

트럼프는 내가 자리한 테이블에서 조금 떨어진 곳에 있었는데, 그의 굴욕스러운 표정은 지금껏 내가 본 다른 표정과 비교도 안 될 정도였고 눈에 확 들어왔다. 주변에서 웃음이 파도를 타고 전달되어도 그의 고개는 뻣뻣했다. 공개적으로 비웃음을 당한 채 전혀 움직이지도 않고 표정도 바꾸지 않았다. 가식적인 유쾌함의 흔적조차 보이지 않았고, 일반 정치인이나 평범한 시민들이 하는 '이봐, 잘했어!'와 같은 제스처를 주고받으려는 시도도 없었다. 얼마나 고통스러운지 거의 모든 미국인과 유명 인사가 배우고 습득하는 뻔뻔한 유쾌함마저 보이지 않았다. 고개를 끄덕이거나 손뼉을 치거나 턱을 흔들거리거나 당황스러운 미소조차도 짓지 않고, 그는 완전히 얼어붙은 것처럼 가만히 앉아 있었다. 입을 꽉 다문 얼굴에는 숨길 수 없는 분노가 가득 차 있었다.

2021년 미국 국회의사당 습격의 원인을 찾는다면 아마 이것일 겁니다.

이러한 이유로 독재자의 터무니없는 웃음은 우리가 탐구하는 유쾌함과는 아무 상관이 없습니다. 그들의 웃음은 순전한 자만심입니다. 푸틴, 트럼프, 시진핑 같은 사람들은 남을 비웃을 뿐 결코 자신을 비웃을 수 없습니다. 그들은 대개 어릴 때 상처받았고, 아무 상관 없는 사람들에게 모욕을 당했다며 복수합니다. 그들은 모든 것, 모든 사람과 멀리 떨어져 있지만 결코 자신과는 거리를 두지 못합니다. 그렇기에 태도로서의 웃음은 독재자들의 테러에 대항하는 간편한 무기일 뿐 아니라 앞으로도 계속 저항의 도구가 될 것입니다.

유쾌함은 그들과 반대되는 원칙이기에 결코 양립할 수 없습니다.

21

나치가 결코
용납할 수 없던 것

우리는 강제수용소에 보내질까 봐
늘 두려워하지 않았습니까.
이제 더는 두려워할 필요가 없습니다.
우리는 이제 수용소 안에 있으니까요!

이러한 맥락에서 희극 배우 베르너 핑크Werner Finck에 관해 이야기해 보겠습니다. 왜 베르너 핑크냐고요? 핑크는 우리가 찾는 유쾌함의 구체적인 모습인 것 같습니다. 제가 젊었던 1960~1970년대에 그를 텔레비전에서 가끔 봤습니다. 정장 양복에 넥타이를 매고 언제나 유쾌하게 웃는 희극 배우로, 멋지고 우아하게 독설적인 말을 의도적으로 멈칫거리고는 더듬는 코미디 연기로 유명했죠.

소극장의 스타였던 그의 30대 시절을 저는 본 적도 없고 볼 수도 없었죠. 저는 그때 세상에 태어나지 않았습니다. 얼마나 다행인가요. 당시에는 카바레 소극장 공연이 텔레비전이나 영화에 나오지 않았고 무엇보다 나치 정권이 이를 허용하지 않았기에 그는 나이 지긋한 분들에게나 알려진 사람이었죠. 젊은 세대도 그의 이름에서 무엇인가를 연상해야 한다고 생각합니다.

1902년 독일 동부 괴를리츠Görlitz에서 태어난 핑크는 1929년 베를린에서 동료들과 함께 카바레 소극장 카타콤베 Die Katakombe를 열었습니다. 그곳에서 짧은 연극과 풍자극을 하면서 에리히 케스트너Erich Kästner, 에른스트 부슈Ernst Busch, 한스 아이슬러Hanns Eisler, 테오 링겐Theo Lingen, 루돌프 플라테 Rudolf Platte, 우르줄라 헤르킹Ursula Herking과 함께 다양한 프로그램을 하며 이름을 알렸습니다. 그중 가장 유명했던 사람이 핑크인 듯합니다. 그는 자신의 역할을 연기하며 즉흥적으로 농담하고 세심하게 암시하여, 멋지고 중의적으로 적당히 말해도 완벽하게 뜻을 전달하는 연기에서 최고였습니다.

나치가 정권을 잡았을 때, 비밀 정보원이 늘 청중 사이에 앉아 공연 내용을 받아 적었습니다. 핑크는 1972년 출판한 회고록 『늙은 바보, 그래서 어쩌라고?Alter Narr, was nun?』에서 다음과 같이 썼습니다. "한번은 누군가가 눈에 띄지 않게 몰래 메모하고 있기에 말했죠. '제 말이 너무 빠른가요? 따라올 수 있겠습니까? 아니면 제가 천천히 맞춰드려야 할까요?'"

하지만 이는 위험했고 재미는 곧 끝나버렸습니다. 비

밀 국가 경찰 게슈타포는 1935년 4월 16일 문서 번호 B 41551/35 II 2C 8057/35에 이렇게 적었습니다.

카타콤베 청중 대다수는 유대인이며 그들은 사회자 베르너 핑크의 비열하게 날카롭고 파괴적인 비판에 열광적으로 찬사를 보낸다. 핑크는 전형적 구시대 문화인 볼셰비키 방식을 따른다. 그는 분명 새로운 시대를 이해하지 못했거나 이해하고 싶어 하지 않으며, 이전 유대 작가들과 같은 방식으로 국가 사회주의 사상과 국가 사회주의자가 신성하다고 여기는 모든 것을 더럽히려 한다.

심지어 보고서에는 그의 이름을 'Finck' 대신 'Fink'로 틀리게 적었습니다.

핑크는 멈추지 않았습니다. 베를린의 유명한 평론가 프리드리히 루프트Friedrich Luft는 그의 친구에게 다음과 같이 썼습니다. "다른 사람들이 오랫동안 유흥 카바레를 운영하는 동안 그는 정치적 성향을 띤 카바레 소극장에서 공연했어. 사람들은 그가 올가미에 머리를 집어넣는 것을 보러 갔지. 보호 그물망도 없이 외줄 타는 그를 보며 청중은 몸서리를 쳤어. 그는 갈색 군복의 통치자들에게 골칫거리가 되기에 충분했고, 무대 아래 청중들이 웃는 동안 상석에 앉은 고위 간부들은 그의 인기를 없애버리려 했어. 그는 말을 반 정도만 하다 멈추곤 했어. 무언가를 말하면서도 말하지 않는 수법을 고안한 거지 그토록 나쁜 상황에서도 그렇게 기분 좋은 사람을 본 적이 없어. 이후 나는 그를 좋아하게 되었어."

언론인 제바스티안 하프너Sebastian Haffner가 1939년 런던 망명 생활 중에 쓴 회고록이 2000년 『어느 독일인 이야기Geschichte eines Deutschen』라는 제목으로 출간되었습니다. 회고록에는 1914년부터 1933년 사이의 카타콤베에 관한 기록이 있습니다. "독일에서 유일하게 저항할 수 있는 장소로 용기와 우아함이 재치 있게 넘쳐나는 곳이었다." 그는 핑크에 대해 이렇게 썼습니다. "그의 깊은 내면을 말하자면 바로 무해함과 친절함이었다. 그의 재치는 온화하고 춤추듯 솟아올랐다. 그가 사용하는 이중 의미와 언어유희는 그를 거장으로 만들었다. (…) 그는 독일 한복판에서 감히 나치의 현실을 이야기했다."

1933년 3월 31일, 입법권을 정부로 이양하는 법률이 통과되었고 나치가 그들의 국가를 건설했습니다. 그날 저녁 하프너는 카타콤베에 앉아 핑크의 말을 들으며 다음과 같이 기록했습니다. "그의 말에는 강제수용소, 가택 수색, 보편적인 두려움과 거짓이 담겨 있다. 그의 농담에는 말할 수 없을 정도의 고요함과 아쉬움과 슬픔이 묻어났다. 그리고 이 모든 것이 특별한 위로가 되었다." 관객들은 이전에 단 한 번도 웃음소리를 들어본 적이 없는 사람처럼 웃었고 그 자리에서 체포되더라도 그들은 계속 웃었을 테죠. "우리는 예상치 못한 방식으로 위험과 두려움을 극복했다."

핑크는 이렇게 썼습니다.

신선한 바람이 불어온다, 두 번, 세 번.
우리는 다시 웃고 싶다.
유머에게 길을 내어주기를
이제 그도 깨어나야 한다.

그는 카바레 공연의 모든 프로그램에서 빠져야 했습니다. 그러자 마지막으로 〈재단사의 미완성 이야기〉를 꺼냈습니다.

재단사가 고객의 치수를 재고 있습니다. 고객에게 맞는 양복 재고가 많다고 말하자 고객은 "모든 것은 재고 물량에 달렸죠"라고 대답합니다. 마침내 재단사는 고객에게 오른팔을 들어달라고 부탁합니다. 그는 치수를 재면서 18/19, 33 같은 숫자를 중얼거리고 이렇게 말합니다. "왜 팔을 내리지 않고 계세요?" 고객은 다음과 같이 말했습니다. "권리를 박탈당해서…" 당시 상황을 매우 잘 그려냈고 무대에서도 성공을 거둔 암시였습니다.

핑크는 체포되었고 카타콤베는 문을 닫았습니다. 핑크는 프린츠 알베르트Prinz-Albrecht가에 있는 게슈타포 중앙본부로 이송되었습니다.

그는 이후에 이렇게 기록했습니다.

내가 들어서자 키가 큰 대원이 다가와 물었다. "무기는?"
나는 이렇게 물었다. "왜요? 여기서는 필요합니까?"

핑크는 수감되었습니다. 감옥에서 그는 나치에 의해 직위 해제된 카셀 지역 전 의장이자 전쟁 이후 오랫동안 연방하원의원을 지낸 독일기독교민주연합 의원 페르디난트 프리덴스부르크Ferdinand Friedensburg를 만났습니다. 그에 따르면 핑크는 "추악한 환경에서도 모범적인 태도"를 보였지만 시간이 지나면서 "매우 고고하고 유쾌하고 뻔뻔스럽기까지 할 정도로 반항적인 태도"를 보였다고 합니다.

그는 이후 네덜란드 국경 근처의 에스터베겐Esterwegen

강제수용소로 이감되었습니다. 그곳에는 언론인 카를 폰 오시에츠키Carl von Ossietzky와 사회민주당 소속 정치인 율리우스 레버Julius Leber도 있었죠. 핑크는 자신과 함께 수용된 사람들에게 매일 "이곳이 우리 삶의 마지막이 될 것입니다"라고 말했습니다. 하지만 때로는 다르게 희망하기도 했어요. "끔찍한 세상이에요"라고 말하며 이렇게 덧붙였죠. "그래도 코미디는 있었습니다."

감금된 카바레 출연진은 심심했던 수용소 운영진의 명령에 따라 위해 오순절에 공연을 연출해야 했습니다. 핑크가 사회를 봤죠. 그는 청중에게 다가갔습니다.

우리가 왜 이렇게 밝고 행복한지 궁금할 겁니다. 자, 여러분! 분명 이유가 있습니다. 우리는 오랫동안 베를린에 가지 못했습니다. 그곳에서는 공연할 때마다 마음이 불안했죠. 강제수용소에 보내질까 봐 늘 두려워하지 않았습니까. 이제 더는 두려워할 필요가 없습니다. 우리는 이제 수용소 안에 있으니까요!

그는 1935년 7월 1일에 석방되었습니다. 나치의 2인자 헤르만 괴링과 한때 매우 가까웠던 여배우 케테 도르슈Käthe

Dorsch가 그를 도왔습니다. 그는 1년 동안 활동을 금지당했고 베를린 모아비트 지역에서 가장 악명 높은 특별 법원에 기소 되었습니다. 기소장 내용은 대부분 촌극, 노래, 정치 풍자, 카바레 공연이었기에 기소장이 낭독되었을 때 법정은 환호 의 웃음으로 가득했습니다. 재판장은 이렇게 호통쳤습니다.

> "웃음을 멈추지 않으면 모두 퇴장 명령을 내리겠습니다.
> 여기는 카바레가 아닙니다."
> 감탄사가 터져 나왔죠. "아쉽네요!"

〈재단사의 미완성 이야기〉가 상연되어야 했습니다. 핑 크는 생명을 위협하는 핵심 문구인 "권리 박탈"을 "권리 강 화"로 대체했습니다. 검사는 "권리 박탈"이라고 정정했죠. 그 러자 핑크는 "그렇게 말씀하셔도 됩니다, 검사님"이라고 대 답했죠. 실제로 증거불충분이었지만, 이후 판사들은 그를 지 방으로 보내 버렸습니다.

활동 금지 기간이 끝나고 베르너 핑크는 빌리 셰퍼스 Willi Schaeffers가 감독을 맡았던 코미디 카바레Kabarett der Komiker 에 일자리를 얻었습니다. 핑크는 어떤 종류의 정치적 암시도 표현하지 않기로 했습니다. 그가 무대에서 다시 연기할 수 있는 조건이었습니다. 괴벨스Joseph Goebbels도 가끔 특별석에서 관람했습니다. 1939년에 촬영한 사진에서 이를 확인할 수 있습니다.

핑크는 한 여성 배우와 촌극을 공연했는데, 상대 배우가 몇 시인지 묻자 이렇게 대답합니다. "부인, 저는 시간에 관해 이야기하는 게 허락되지 않아서요." 그는 정말 어찌할 도리가 없는 사람이었어요.

1937년 그는 셰퍼스가 연출한 영화인의 무도회 카바레에 출연했습니다. 후원자는 괴벨스였죠. 그는 자신의 관대함을 드러내고 싶어 인기가 많았던 핑크와 함께 출연했습니다. 핑크는 괴벨스의 어깨를 두드리며 이렇게 말했습니다. "목사님, 우리 다시 사이좋게 지낼 수 있을까요?"

그는 무대에서 공연할 때 어떤 농담도 할 수 없었습니다. 그는 더는 농담을 하지 않는다고 하면서 "농담에는 핵심이 있고 핵심은 정확해야 하기 때문이다"라고 말했습니다. 그는 군대에 무선 통신사로 자원하여 그 시대에서 살아남았습니다. 그곳은 강제수용소에 비해 안전했습니다.

1945년에 그는 이렇게 썼습니다. "괴벨스에게 끝까지 쫓기고 있었다. 하지만 나는 그가 죽으리라는 것을 오래전부터 알았기에 두려워하지 않았다. 왜냐하면 그의 좌우명은

'승리 아니면 죽음'이었기 때문이다."

　　나치가 용납할 수 없던 것은 핑크의 정권 비판이 아니었습니다. 어떤 것으로도 파괴할 수 없는 근원적인 유쾌함이었습니다.

22

다른 방법은
언제나 존재합니다

저는 삶은 스스로 만드는 것임을 보여주고자 합니다.
유쾌함은 삶의 여러 일과 마찬가지로
다른 일을 제한하며 얻어내는 것이 아닙니다.

지금까지도 유명한 알렉산더 미처리히Alexander Mitscherlich
와 마르가레테 미처리히가 집필한 책『슬픔에 대한 무능력
Die Unfähigkeit zu trauern』을 기억해야 합니다. 이 책은 1967년에
출판되었습니다. 이 책의 가장 중요한 논제는 나치 시대 이
후 독일 사람들이 과거를 애도하고 철저히 되새기는 일이나
전범에 가담한 자신의 책임에 관심을 두지 않는 사실이었습
니다.

대신 사람들은 모든 것을 제쳐두고 그저 잊으려고만 했
으며 "감탄과 부러움을 불러일으키는 진취적인 기업가 정신
으로 파괴된 것을 복구하고 산업의 잠재력을 확장해서 주방
설비까지도 현대화하는 데 집중했다"라고 설명합니다.

그 결과 소유와 소비에만 집착하고, 과거에 부서지고 고

장 나고 빚진 것과 연결된 감정은 허용하지 않는 사고방식이 탄생했습니다. 하지만 슬픔이 없다면 근본적이고 포괄적인 의미의 유쾌함은 존재하지 않습니다. 왜냐하면 하나의 감정을 다른 감정 없이 느낄 수는 없기 때문입니다. 이것이 바로 영혼의 특성입니다.

미처리히 부부는 소유에 대한 집착을 버리고 소유물을 잃을 수도 있다는 두려움을 없애버릴 때만 "세상을 좀 더 유쾌하게 만드는 데 이바지할 수 있다"라고 지적했습니다. 이러한 관점에서 보면 슬픔을 느낄 수 없다면 기쁨도 느낄 수 없습니다. 그리고 이렇게 말할 수도 있겠죠. 슬픔을 위로하는 것은 삶에서 특정한 관점을 얻기 위한 투쟁, 즉 유쾌함을 획득하는 기술과 비슷하면서도 또 다르다고 말입니다. 지금까지 살펴본 대로 유쾌함은 쉽게 얻어지지 않습니다.

일부 작가에게 이 투쟁은 어느 정도 유쾌한 존재가 되는 중요하고도 유일한 방법입니다. 왜냐하면 그들은 삶의 어두운 사건에서 유쾌함을 증발시키는 변화를 거치는 데 성공해서, 결과적으로 비극적인 요소만 남았을 때 우리는 그것을 실컷 비웃을 수 있기 때문입니다.

저는 삶은 스스로 만드는 것임을 보여주고자 합니다. 유쾌함은 삶의 여러 일과 마찬가지로 다른 일을 제한하며 얻어내는 것이 아닙니다. 부지런히 많은 것을 성취하고 언제나 최선을 다해 다양하게 도전하시기 바랍니다.

유쾌해야 한다고요? 지금은 그게 아니라 정반대 이야기를 하고 있습니다. 유쾌해져야 한다는 의무가 아니라 유쾌할 수 있다는 가능성 말이죠. 유쾌함은 하나의 가능성입니다. 그것은 거의 항상 사용할 수 있죠. 유쾌함은 다른 모든 감정의 인식을 기반으로 합니다. 그것은 "어려운 일을 모두 멈추고 웃어넘기세요!"와 같은 강박관념이 아닙니다. 이는 제가 말하고 싶은 것과 완전히 반대입니다.

유쾌해지고 싶지 않은가요? 그렇게 안 됩니까? 바보 같다고 생각하나요? 아무도 그렇게 하라고 요구하지 않았습니다. 그럼 어디서 비롯된 걸까요? 누구도 그렇게 할 권리가 없습니다. 여러분의 삶입니다. 여러분에게 적합하다고 생각하는 대로, 여러분이 원하는 대로, 여러분이 살 수 있는 대로 살아보세요. 하지만 그것이 삶의 유일한 방법이 아님을 알아야 합니다. 다른 방법은 언제나 존재합니다.

로베르트 무질Robert Musil은 소설 『특성 없는 남자Der Mann ohne Eigenschaften』의 한 장에 '현실감각이 있다면 가능성감각도 있어야 한다'라는 제목을 붙이며 가능성을 감지하는 능력에 관해 이야기합니다.

예를 들어 가능성을 감지하는 능력을 지닌 사람은 "여기에 이런 일이 일어났고 일어나고 있으며 또한 일어날 것이다"라고 말하지 않고 대신 "여기에 이런 일이 일어날 수도 있었고, 일어나야 했고, 일어나야만 한다"라고 말한다. 그리고 어떤 것에 대해 있는 그대로 설명하면 그는 "글쎄, 다를 수도 있죠"라고 대답한다. 따라서 가능성의 감각은 가능한 모든 것을 생각할 수 있는 능력으로 정의할 수 있으며, 존재하는 것을 존재하지 않는 것보다 더 중요하게 여기지는 않는 능력이다.

이러한 가능성의 감각으로 삶에 접근하는 것은 매우 합리적이지 않습니까? 모든 것이 언제나 다를 수 있다면 왜 다르지 않은지에 관한 질문도 나오겠죠. 그리고 또 다른 질문이 뒤따를 것입니다. 제가 원하는 방식으로 제 인생에서 다른 것을 가질 수 있을지 없을지에 관한 질문입니다.

작가 미하엘 엔데Michael Ende는 다음과 같이 말했습니다.

현실은 하나뿐이지만 마치 고층 집과 같아서 어느 층에 있느냐에 따라 세상을 보는 시각이 달라진다. 1층은 우리의 아이디어·생각·감정이다. 다른 시대에나 다른 민족에게는 다른 관념이 있었고, 따라서 그곳의 현실은 다른 것을 의미했다. 나는 다양한 층에서 세상을 묘사한다.

이 말을 기억하십시오. 도움이 될 것입니다. 여러분은 언제나 옥상, 지하실, 때로는 1층에서도 봐야 합니다. 한 층에 너무 오래 머무르는 것은 의미가 없습니다. 때로는 위층으로 빠르게 뛰어올라야 하고 때로는 다른 것을 보기 위해 집을 떠나야 할 때도 있죠.

23

마음의
고요한 바다

날마다 주말마다 휴가마다
요가 수업 때마다 앱을 켜고 명상할 때마다
얼굴에 마스크팩을 할 때마다
이 모든 노력의 이면을 보면
불안한 우리 존재 안에 무언가가 숨어 있음을
알 수 있습니다.

지금까지 이야기한 모든 내용을 종합하면 우리 앞에 얼마나 멋진 길이 놓여 있는지 깨닫습니다. 우리는 존재의 요구를 부정하지 않고, 운명에 굴복하지 않고 자신의 힘으로 극복하며 오히려 그것을 받아들여 저항합니다. 사악한 어둠이 우리를 지배하도록 허용하지 않습니다. 인간성을 하나의 시간으로 정의해 본다면, 그 시간을 강요된 슬픔으로 낭비하고 싶지 않습니다. 지나치게 격정적이라서 불편하시다면 사과드립니다. 그래도, 이런 가능성만으로도 참으로 대단하죠.

　　하지만 이것이 삶의 불합리한 조건에서 벗어나 다른 길을 택하는 것이 아니라는 점도 알 수 있죠. 부정적인 것을 억누르려는 '긍정적 사고'가 아닙니다. 아니, 오히려 그 반대입니다. 빌헬름 슈미트는 이렇게 썼습니다. "존재의 심오함과 마주하는 상황에서 유쾌함이 발생한다는 것은 매우 경이로운 경험이다. 삶이 힘들어지는 바로 그 순간 유쾌함을 느낄 수 있다면 마음이 편안해지고, 여기에는 유쾌함의 바닥에 존재하는 비극을 부인하지 않는 특징이 있다."

고대철학에 '에우다이모니아eudaimonia'라는 개념이 있습니다. 오늘날 이 개념은 종종 '행복'으로 번역되는데, 아주 정확하지는 않습니다. 그리스인들에게 에우다이모니아는 우리가 생각하는 행복과는 다른 개념이었죠. 오히려 삶의 일관성, 삶의 중심을 유지하는 태도, 삶의 충만함, 신의 세계질서, 자연과 일치하는 선한 삶을 의미했습니다. 플라톤Platon에서 아리스토텔레스Aristoteles까지, 제우스Zeus에서 마르쿠스 아우렐리우스Marcus Aurelius까지, 플루타르코스Ploutarchos에서 세네카Seneca까지 모두 에우다이모니아로 향하는 길을 논합니다. 모든 것이 이것에 속하고, 성취할 수도 있고 어쩌면 성취할 수 없는 불가능한 이상으로 여기면서, 동시에 이를 위해 노력하는 것을 삶의 목표로 삼습니다.

에우다이모니아에 이르는 길에 중요한 역할을 하는 것은 에피쿠로스Epicouros가 말한 "마음의 고요한 바다" 즉 마음의 평안이며, 이는 곧 두려움에서 자유로운 고요한 '아타락

시아ataraxia'를 의미합니다.

흥미롭게도 그리스인이며 플라톤주의자인 플루타르코스와 로마인이며 스토아학파인 세네카는 거의 동시대를 살며 각각 영혼의 평온에 대한 저서를 남겼습니다. 두 작품 모두 서간문으로 플루타르코스는 친구 파키우스에게, 세네카는 유쾌한 세레누스에게 편지를 썼죠.

그들은 서로에게 삶에서 무엇을 해야 하는지에 관한 매우 근본적인 조언을 구합니다. 일해야 하는지, 여가에 집중해야 하는지, 활동적인 삶을 꾸려야 하는지, 은둔 생활을 해야 하는지, 즐거움을 추구해야 하는지, 겸손하게 지내야 하는지 묻습니다. 그리고 두 사람은 다른 사람들과 마찬가지로 철학을 도구로 사용하여 자신의 가치를 계발하고 극복하라는 조언을 받습니다.

플루타르코스는 파키우스에게 말합니다. "영적인 훈련을 통해 슬픔과 고통을 견딜 수 있고, 이러한 훈련은 저항을 마비시키고 공허한 희망으로 낙원의 삶을 누릴 수 있다는 환상에 빠지지 않게 도우며 두 눈을 똑바로 뜨고 삶의 운명을 마주 볼 수 있게 하네."

세네카는 〈루킬리우스에게 보내는 도덕 편지Epistulae Morales ad Lucilium〉에서 친구 루킬리우스에게 다음과 같이 조언했습니다. "내 말을 믿게. 진정한 유쾌함은 매우 진지한 사안이야." 여기서 유쾌함은 아주 포괄적으로 제시되었습니다. 또한 그는 이렇게 썼습니다. "진정한 기쁨은 진지한 것이네." 이는 1790년 이후 라이프치히 게반트하우스 관현악단의 신조이기도 하죠.

이는 고대 그리스인과 로마인에게도 마찬가지였습니다. 저는 삶에 대한 시선 변화와 유쾌해지고 싶은 노력은 매우 가치 있다는 점을 중요하게 생각합니다. 지금까지 이 책에서 해온 일이기도 하죠.

그렇다면 세네카는 우리에게 어떤 말을 할까요? 그는 "나의 흔들리는 마음을 고요하게 해달라"라고 부탁하는 친구 세레누스에게 어떤 조언을 했을까요?

세레누스는 우선 자신은 단순한 삶을 사랑한다고 말합니다. 다른 사람의 화려한 모습은 물질에 한정될 뿐 진정한 기쁨이 보이지 않는다고 말합니다. 포럼에서 토론하며 국정에 열정적으로 참여하고 나면 쉬고 싶은 갈망이 생긴다고 했습니다. 그는 끊임없이 여기저기 찢겨나가지만 "나를 뒤흔드는 것은 폭풍우가 아니라 뱃멀미입니다"라고 편지에 썼습니다. 세네카는 세레누스가 찾고 있는 것이 근원적인 평온함, 즉 그리스인들이 '에우티미아euthymia'라고 부르는 영혼의 안

정이라고 대답합니다. 자신도 마음의 평화라는 용어를 아름답다고 여겼죠.

오래전 그리스와 로마 사람들이 오늘날 우리와 같은 갈망을 가졌다는 사실이 놀랍습니다. 날마다 주말마다 휴가마다 요가 수업 때마다 앱을 켜고 명상할 때마다 얼굴에 마스크팩을 할 때마다 이 모든 노력의 이면을 보면 불안한 우리 존재 안에 무언가가 숨어 있음을 알 수 있습니다. 그것이 바로 마음의 평화를 위한 갈망 아닐까요?

세네카는 '영원한 불안'이 많은 이의 일상을 정신적으로 고되게 만든다고 생각했습니다. "사람들은 원하는 대로 사는 것이 아니라 한번 시작한 대로 산다"라고 말했습니다. 아주 멋진 문장입니다. 오늘부터 뭐든 시작할 수 있겠습니다.

이는 삶의 방식과 선택 장애, 편안함과 관련이 있습니다. 세네카는 '무심한 삶'이라고 부르는 것에 반대했습니다. 여기서 한 가지 고려할 사항이 있는데, 부유한 로마인은 여가생활과 의무활동을 선택할 기회가 확실하게 있었다는 사실입니다. 이런 기회를 당시 모든 사람이 누릴 수는 없었고, 오늘날에도 마찬가지입니다. 그래도 우리는 무언가를 배울 수 있습니다.

세네카는 세레누스에게 많은 고대철학자, 특히 그가 속

한 스토아학파가 지향하는 태도를 권했습니다. 절제된 생활, 공동체를 위한 활발한 활동, 그리고 자신의 강점과 성향을 잘 가늠하는 것입니다. 계속해서 움직이며 두려움으로 마비되어 경직되지 않도록 하는 것입니다. 앙리 베르그송이 떠오르지 않습니까? 우리는 항상 뻣뻣하게 얼어붙는 것을 비웃죠. 그러니 신체적으로나 정신적으로나 여러 면에서 유연함을 유지하는 것이 좋습니다.

세네카는 좋은 우정을 높이 평가합니다. 그는 모든 사치를 경계하라고 조언하죠. "금욕을 추구하고 쾌락을 향한 욕구를 억제하라. 명예에 대한 욕구를 조절하고 성질을 달래고 가난함을 우호적으로 여기며 검소함을 존중하는 것이 좋다. 지금까지 많은 사람이 이전에 쉽게 얻은 수단으로 자연적 필요를 충족시키는 것, 통제 불가능한 희망을 품는 것, 다시 말하자면 족쇄에 갇힌 먼 미래의 계획을 세우는 것, 그리고 더 많은 부를 얻기 위해 부를 만들어내는 수단에 중독되는 것을 부끄러워했다. 행복을 기대하는 것처럼 우리 자신에게도 기대해야 한다. 우리는 행복보다는 우리 자신에게서 더 많은 부를 기대한다."

그리고 세네카는 우선 자기 삶에 대한 기대를 낮추고 항상 모든 것에 대비하고 최악의 상황에서는 운명에 순응하고 특히 삶에 너무 집착하지 말라고 권합니다. "잘 죽는 법을 모르는 사람은 바람직한 삶을 살지 못한다. 그러니 우리는 무엇보다도 죽음을 지나치게 중요시하지 말고 오히려 숨 쉬는 것을 경멸할 만한 사소한 문제로 삼아야 한다."

그는 증오하지 않고, 오히려 사람들의 일탈을 처음부터 우스꽝스럽게 취급하는 것을 선호했습니다. 뭔가 싫어하는 것을 보고 경멸하기보다 오히려 친절하고 따뜻하게 바라보는 편이 더 낫습니다. "모든 것을 스스로 쉽게 만들어야 한다. 사람들이 삶에 대해 우는 것보다 삶을 비웃는 것이 더 낫다"라고 했죠.

그렇다면 저는 무엇을 좋아하고 무엇을 싫어할까요?

앞서 언급했듯이 저는 제 삶을 존중하고 스스로 만들어가며 품위 있게 살다가 죽을 수 있도록 세심하게 준비하고자 합니다. 저는 삶의 실질적인 문제, 친구·사회·국가가 모두에게 요구하는 의무, 즐거움과 번영, 고독함과 사교성, 그리고 죽음을 다루는 고대철학의 실용주의를 좋아합니다.

예를 들어 스토아학파, 세네카, 마르쿠스 아우렐리우스 철학의 조언은 창조적이며 유연하게 활용할 수 있어 시대적 요구에 매우 적합합니다. 오늘날 경영 세미나에서 이들의 조언이 자주 인용되는데, 상사에게 잘 적응하고 능력을 발휘해

일하면서 고통을 겪어도 겉으로는 만족하는 직원을 양성할 수 있기 때문이겠죠.

철학자 로베르트 팔러의 조롱을 빌리자면, 이 철학자들은 "무엇보다도 그들은 열정을 근절하는 데 집중하고 있다. 따라서 삶에 관한 관심은 우선 열정부터 없애고 그다음에 존엄에 의존하는 것으로 보인다." 세네카는 "열정은 절제하는 것이 아니라 소멸시키는 것이다"라고 했고 아우렐리우스는 죽음은 삶의 일부이기에 살면서 "자신의 의무를 성심껏 수행"하는 것이면 충분하다고 썼습니다.

유쾌함에 적용한다면 자신에 대한 절제와 엄격함을 통해 존재의 잔혹함을 더는 닿을 수 없는 초월 상태로 달관하는 것을 의미합니다. 평화, 고요함, 평온함이며 욕망과 작별하는 것입니다. 항상 유쾌하게 들리는 것은 아니네요.

우리는 다음 사항을 고려해야 합니다. 첫째, 절제된 생활에 대한 요구도 정확한 기초가 있어야 하겠죠. 현대 기술이 우리 신체를 압박하고 끊임없이 통제하고 식사 규칙도 새로 만들어 열량을 계산하고 단백질량을 측정하고 맥박을 실시간으로 확인하며 걸음 수도 계산합니다만, 이 또한 적당해야 합니다.

둘째, 팔러는 이렇게 말합니다. "만약 이름값을 하는 삶을 원한다면 당신은 이성적이 되거나 성장해서는 안 된다. 오히려 작은 광기나 유치한 어리석음에도 빠질 수 있어야 한다." 다르게 말하자면 이성이 무자비해지는 것을 원하지 않는다면 때로는 이성이 비합리적인 것을 합리적이라고 말할 수 있어야 합니다. 앞서 언급했듯 자기 삶을 평온하게 죽음으로 인도할 뿐만 아니라 죽음에서 몰래 빠져나와 다음에 다시 오라고 말하는 브란트너 카스파어가 좋아하는 방식이죠. 이는 삶을 현실적으로 사랑하는 데 도움이 될 수 있습니다.

24

유쾌한 세속적
인간 유형의 탄생

"삶을 유쾌하게 마주하려면
우선 죽음에 대한 두려움을 생각해야 할까요?"
네, 반드시 해야 합니다.

얼마 전 파티 주최자와 많은 초대 손님 덕분에 뮌헨의 한 파티를 재미나게 즐겼습니다. 드레스 코드가 있었는데요. 이름은 짧고 간결했죠. 바로 홀스턴이였습니다.

로이 홀스턴Roy Halston은 1960~1970년대에 활약한 미국 패션 디자이너입니다. 재클린 케네디Jacqueline Kennedy는 남편 존 F. 케네디John F. Kennedy의 취임식에 홀스턴이 디자인한 모자를 썼습니다. 그의 스타일은 우아하고 심플한 라인에 길고 슬림한 드레스, 실크 바지 정장, 스웨이드 카프탄Kaftan(허리 조임이 없는 통이 넓은 원피스—옮긴이)이 특징라고 할 수 있죠. 비앙카 재거Bianca Jagger, 로런 버콜Lauren Bacall, 라이자 미넬리 Liza Minnelli 등 여러 유명인이 홀스턴의 옷을 입었습니다. 그는 앤디 워홀Andy Warhol과 친구이기도 했죠.

저는 실존주의자들의 유니폼이라는 검은색 바지와 검은색 터틀넥을 아래위로 입어 눈에 띄지 않도록 했습니다.

홀스턴은 온갖 사치스러운 생활 방식으로 유명했고 수많은 약물을 남용하여 57세에 생을 마감했습니다. 파티장 벽 곳곳에 그의 사진이 걸려 있었는데 대체로 입에 담배를 문 모습이었습니다. 이런 이유로 파티 손님들은 담배를 피울 수 있었습니다. 물론 껌으로 만든 담배 모형입니다. 껌 담배를 입에 문 사람들이 시선을 끌었죠. 마치 아이들이 어른 놀이를 하는 것처럼 보였습니다.

요즘은 사람들이 담배를 거의 피우지 않지만, 동시에 금연으로 인한 손실 또한 분명히 알고 있는 듯합니다. 흡연은 단지 담배 연기를 흡입하는 것만이 아니기 때문이죠. 불을 주고받는 교환의 제스처, 들이쉬고 내쉬는 행동, 연기로 자신을 흐리게 감싸는 세계이기도 합니다.

평생 저는 거의 담배를 피우지 않았습니다. 껌 담배로는 충족되지 않는 기회가 생기니 흡연자들이 아주 부러웠죠. 하지만 저는 부러움의 감정을 잘 다룹니다. 무엇보다 담배를 피우지 않으면 기침을 전혀 하지 않고 신선한 공기를 즐길 수 있죠.

언론인 옌스 예센이 설명한 것처럼 우리는 금지와 규칙

으로 가득 찬 시대를 살고 있습니다. 때로는 우아하게 차려입고 껌 담배를 입에 문 사람들을 보며 상황이 달라지기를 바랄 때가 있습니다. 정말 어리석지 않은가요? 인간을 생각할 때 이 사실을 절대로 잊지 말아야 합니다. 우리는 정말 어리석을 수 있습니다. 예를 들어 실수로 임신 테스트기 같은 전자 담배를 빨아들일 때, 흡연의 우아함과 사악함은 어디에서 찾아야 할까요? 핵심은 이 사실을 알고 제가 무엇을 어떻게 하느냐에 있습니다. 화를 낼까요 아니면 웃어버릴까요?

앞에서 말씀드렸듯 농담은 항상 선을 넘어 규칙을 어기는 것입니다. 사실 저는 드레스 코드를 언급하며 누군가가 실내 흡연이 금지된 곳에서 진짜 담배를 즐겁게 피우면 어떻게 될지 궁금했습니다.

그리스 철학자 에피쿠로스는 스토아학파가 아니었지만 자기 생각과 이름으로 에피쿠로스학파를 설립했습니다. 그는 존재의 물질적 쾌락에 관심이 많았죠. 에피쿠로스는 이렇게 말했습니다. "엄격한 삶에는 절제가 존재한다. 이를 무시하는 사람은 과잉에 빠진 사람과 비슷한 고통을 겪게 될 것이다." 철학자 팔러는 이렇게 말했습니다. "그렇다. 우리는 그런 세상에서 살아가고 있다. 지나치게 절제하고 외설스럽도록 과도한 절제 속에 살고 있다."

정말 그런가요? 아마도 흡연 금지나 언어 규제를 생각할 수 있습니다. 하지만 몰디브로 떠나는 휴가, 마요르카 주말여행, 할인점에서 파는 싸구려 고기 바비큐 파티…. 이런 것들은 언제나 그렇듯 외설스러운 과잉 아닌가요? 지난 수십 년 동안 서구 사람들의 삶 전체가 과잉 그 자체 아니었습니까? 분명하게 말할 수 있는 사실은 그들의 삶이 절제되지 않았다는 사실입니다.

그렇다면 이 시대에도 우리는 세네카에게 조언을 구했던 세레누스가 묘사한 것과 같은 균형 잡힌 행동, 즉 단순함과 화려함, 여가와 일 사이에서 흔들리면서 뱃멀미를 반복하고 있는 것은 아닐까요?

물론 팔러가 틀린 것은 아닙니다. 우리는 삶을 비축하는 데 집중하여 아무것도 빼앗기지 않으려 합니다. 우리는 삶의 일부였던 낭비를 더는 보지 못합니다. 부여받은 재능과 능력을 다음 세대에게 넘겨주는 것을 기뻐해야 하지만, 이를 계발하지 않아도 되는 것으로 봅니다. 생명과 건강에 관한 시대 특유의 관심은 "목숨을 걸고 싶지 않은 삶은 필연적으로 죽음을 닮기 시작한다"는 것을 보여줍니다. 그리고 더 나아가 그는 이렇게 말합니다. "죽음을 두려워하지 않고 무슨 수를 써서라도 삶을 붙잡으려 하지 않을 때 비로소 삶과 자신을 즐길 수 있다. 죽음에 대한 평정심을 유지하는 것은 삶을 살아가는 데 매우 중요한 전제 조건이다."

이는 앞서 던진 질문과 연결됩니다. "삶을 유쾌하게 마주하려면 우선 죽음에 대한 두려움을 생각해야 할까요?" 네, 반드시 해야 합니다. 백 살 넘게 산다 해도, 과학이 언젠가 노화를 물리친다 해도 언젠가는 죽습니다. 우리 존재의 법칙이기에 이 원칙과 유쾌함에 존엄하게 머리 숙이는 것이 중요합니다.

적어도 삶에 유쾌함을 불어넣을 때 자신에게 너무 가혹해서는 안 된다는 점을 기억하시기 바랍니다. 여러분은 삶의 아름다움을 사랑하고 덧없음을 인식할 수 있습니다.

16세기의 작가 미셸 드 몽테뉴Michel de Montaigne는 수필의 창시자로 스토아학파, 에피쿠로스학파, 회의론자 등 고대의 여러 학파에 다양하게 영감을 받아 글을 썼습니다. 몽테뉴는 삶의 전성기에 이르러 여행하고 친구와 토론하며 얻은 아이디어로 언제든지 자신의 길을 쉽게 바꾸었습니다.

그는 스토아주의자의 정신 훈련과 영적 묵상에 깊은 영향을 받았습니다. 그들은 악을 계속해서 상상해야 한다고, 그래야 악에 놀라지 않는다고 가르쳤죠. 몽테뉴는 이렇게 말했습니다. "나는 끝없이 노래 부르며 '어느 날 일어날 수 있는 모든 일이 오늘 일어날 수도 있다'라고 나 자신에게 말한다."

에피쿠로스는 이렇게 썼습니다. "가장 작은 것부터 시작하라. 유리잔을 좋아한다면 '나는 유리잔을 좋아한다. 하지만 깨져도 속상해하지 않을 것이다'라고 스스로 말해보라." 유리는 유리일 뿐이고, 유리는 깨지는 것이 본성이며, 그것이 유리가 의미하는 바입니다. 여러분이 자녀나 아내를 사랑한다면 스스로 이렇게 말해보십시오. "나는 한 인간을 사랑한다. 그 사람이 죽는다 해도 놀라지 않을 것이다." 이러한 생각 연습은 저에게 많은 도움이 되었습니다. 특히 자연스럽게 다음 생각으로 이어지죠. 바로 순간의 기쁨입니다. "유리는 아직 깨지지 않았고, 내가 사랑하는 사람은 아직 살아 있다!"

반면 영국 작가 사라 베이크웰Sarah Bakewell은 몽테뉴에 관한 저서에 에피쿠로스주의자는 "끔찍한 일에는 고개를 돌리고 긍정적인 것에 집중하는 경향이 더 많다"라고 썼습니다. 몽테뉴는 에피쿠로스를 따르며 때로는 어려운 시기에 단순히 기분 전환을 추구했고, 친구가 죽은 후에 사랑에 빠졌고, 죽음에 직면하여 어린 시절의 유쾌함을 떠올렸습니다.

세상을 유쾌하게 바라본 오스트리아 역사학자 에곤 프

리델Egon Friedell은 몽테뉴가 강한 성향과 약한 신념을 결합해서 언제나 똑같이 즐기고 죽을 준비가 되어 있는 "유쾌한 세속적 인간 유형"을 창조했다고 언급했습니다. 덧붙이자면 프리델은 빈 출신의 유대인 지식인으로 극작가이자 배우, 소설가, 카바레 공연가, 그리고 저명한 문화사 저자입니다. 그는 이러한 자신의 이상을 충족시켰을 겁니다. 나치가 빈에도착했을 때 그는 겨우 50세였습니다. 그는 외된 폰 호르바트Ödön von Horváth에게 "모든 면에서 언제든 여행할 준비가 되어 있습니다"라고 편지를 쓴 바 있습니다. 나치 돌격대 대원 두 명이 그의 아파트에 도착했을 때 그는 지나가는 사람에게 "옆으로 비키시오!"라고 경고한 후 3층 창문에서 뛰어내려 자살했습니다.

몽테뉴는 우리가 살면서 지켜야 할 덕목에 대해 자주 썼습니다. 그는 이를 "기쁘고 유쾌한 자질"이라고 불렀습니다. "풍부하고 강력한 힘을 발휘할 수 있는 이 덕목은 배울 수 있으며 우리를 향기로운 침대에서 잠들도록 돕는다. 또한 삶을 사랑하고 아름다움과 명성과 행복을 추구하도록 이끈다. 하지만 정말 독특하게도 이 좋은 것을 질서 정연하게 사용하면 평온한 틈에 이내 사라진다." 이것을 유쾌한 태도라고 할 수 있을까요?

아무튼 몽테뉴의 사고는 스토아학파와 에피쿠로스학파의 영향을 받았을 뿐 아니라 회의론자에게도 영향을 받았습니다. 이들의 사유는 고대 그리스 철학자 피론Pyrrhon에 의해 확립되었죠. 이들의 원리는 "나는 아무것도 모른다는 것을 안다"라는 의심입니다. 물론 회의론자는 다음과 같은 내용을 덧붙였습니다. "그리고 나는 그것을 실제로 알지 못한다." 확신에 가득 찬 사람이 너무 많아진 시대에 이러한 사고방식에 조금 가까이 다가가면 좋겠습니다.

회의주의자는 무지를 받아들일 뿐 아니라 그것을 삶의 기초로 봅니다. 그래서 철학은 판단을 삼가고 세상을 판단하지 않고 바라보는 것을 의미합니다. 모든 지식은 새로운 무지를 낳고, 채워진 모든 간극은 새로운 간극을 만들어냅니다. 이것을 받아들이면 우리가 추구하는 평온함, 아타락시아ataraxia가 만들어집니다. 왜냐하면 이로써 세계의 근본적인 불확실성을 깨닫고 불완전함을 인정하기 때문입니다.

25

그는 웃는 것보다
미소 짓기를
더 좋아합니다

그는 적극적으로 행동하면서도 침착할 것입니다.
왜냐하면 자신의 한계를 알면서
자신을 과소평가하지도 않기 때문입니다.

제가 이야기하는 유쾌함은 삶을 살아가는 현실적 태도에 기초합니다. 스위스 작가 에드가르 슈마허 Edgar Schumacher 는 60여 년 전 출간한 짧은 저서 『유쾌함의 축복에 대하여 Vom Segen der Heiterkeit』에서 다음과 같이 썼습니다. "순간의 고통에서 벗어나는 것만으로는 아무것도 이루어지지 않는다. 가치는 원하고 바라고 노력할 때 얻어진다. 여기서 가장 암울한 점은 진지함이 유쾌함과 가장 가까운 사이라는 사실이다."

유쾌함은 획득하고 얻어내려 노력해야 하는 가치입니다. 일시적 기분이나 즐거움이 아니라 삶에 대한 태도를 말하죠. 슈마허는 이렇게 계속 썼습니다. "우리는 좋은 순간의 우연한 선물 같은 유쾌함과 내면으로 체득한 영혼의 진정한

유쾌함을 구별해야 한다." 유쾌함은 하나의 가치로서 마음의
상태를 말합니다.

그러니 삶에서 무엇이 중요한지 결정해야 합니다. 우리
는 삶의 방향을 설정할 수 있습니다. 다른 사람보다 더 중요
하게 생각하고자 하는 마음 상태를 말하지만 그렇다고 다른
사람을 부정하거나 외면하지 않습니다.

때로 증오가 차오를 때가 있지만 이에 마음 공간을 허용
하지 않습니다. 너무 치명적입니다. 만약 굴복한다면 우리는
다른 사람, 다시 말해 미워하는 타인에게 의존하고 그 사람
이 우리를 지배하도록 허용하는 셈입니다.

우리는 불만의 감정을 잘 압니다. 날씨, 응원하는 스포
츠팀의 패배, 일, 이웃 주민, 세금 정책에서 생겨나죠. 이런
짜증은 날씨가 나쁘고, 패배가 고통스럽고, 일이 지루하고,
이웃이 바보 같고, 세금 정책이 불공평하다고 생각하기에 정
당해 보입니다. 하지만 삶을 살아가는 데 이러한 분노는 가
치가 없습니다. 매우 피상적인 데다가 그런 감정이 우리의
삶을 좌지우지하는 것은 옳지 않기 때문입니다.

우리는 아름답고 깊은 감정일 수 있는 우울함과 종종 피
할 수 없는 슬픔, 그리고 삶을 가로막는 진지함을 알고 있습
니다. 하지만 언제나 희극적 측면에서 진지함을 바라볼 수도

있다는 것을 깨달았습니다.

　이 주제를 꾸준히 다룬 하랄트 바인리히는 이러한 감정에 대해 다음과 같이 말했습니다. "행복은 숭고한 게임으로, 여기에는 우울·슬픔·진지함과 같은 수비수이자 공격수가 필요하다. 게임에서 이길 수도 있고 질 수도 있다." 또 다음과 같은 말을 덧붙였습니다. "아마도 게임의 가장 중요한 규칙은 우울·슬픔·진지함이 뻔뻔하게 유쾌함으로 드러나지 않도록 막는 것일지도 모른다."

　자신이 왜 유쾌한지에 관한 상페의 말도 이런 의미였을 겁니다. 유쾌하지 않으면 매우 슬퍼지기 때문입니다. 그래서 이러한 감정 게임도 중요합니다. 이 게임의 특징 중 하나는 무언가를 진지하게 받아들이면서도 동시에 전혀 심각하게 생각하지 않는 것이죠. 게임에 몰두하는 사람에게는 그 순간 말고는 아무것도 없습니다. 하지만 그는 이것이 게임이라는 점을 알고 있습니다.

　우리의 삶 전체를 통찰하는 데 이러한 태도가 도움이 될까요? 심각한 동시에 전혀 심각하지 않은 태도로 인생을 하나의 게임으로 바라보는 태도는 어떻습니까?

　안드레 헬러André Heller는 『시계는 더는 존재하지 않는다 Uhren gibt es nicht mehr』라는 제목으로 102세 노모와 나눈 18편의 짧은 대화집을 출판했습니다. 예를 들면 그는 어머니에게 다시 태어나고 싶으냐고 묻습니다. 노모는 이렇게 대답합니다. 한여름의 드넓은 초원으로, 꽃으로, 향기로, 곤충으로 다시 태어나고 싶다고요. 노모가 되묻습니다. 그는 어떻게 대답했을까요? 짜릿한 천둥으로 다시 태어나고 싶다고 말합니다. 역동적이고 강렬하고 짧게, 그래서 다음번 생으로 빨리 돌아갈 수 있다는 의미가 담겼죠. "적어도 앞으로 계속 나아갈 수 있잖아요."

다시 태어난다면 어떨까요? 이 질문을 저에게 해봅니다. 3월 29일쯤 다시 태어나면 어떨까요? 매년 봄날로 다시 태어나 세상이 어떻게 돌아가는지, 지금 제 아파트에는 누가 살고 있는지, 제 손주들은 무엇을 하는지, 두어 골목 지나 있는 매일 아침 식사를 하는 카페가 여전히 있는지 확인하고 싶네요. 그리고 나머지 시간은 영원으로 돌아가 저만의 길을 가겠습니다.

가끔 이런 게임을 다른 사람과 함께하는 것도 좋습니다. 단 진지하지 않은 표정으로 하세요. 물론 이에 대해 세네카가 말했듯 유쾌함은 평온함의 또 다른 모습이며, 어쩌면 같은 의미일지도 모릅니다. 그리고 평온함이 의미하는 바는 에픽테토스Epiktētos가 정리한 스토아학파의 핵심 교리로 요약할 수 있겠죠.

그중 하나는 다음과 같습니다.

모든 것이 당신이 원하는 대로 이루어지도록 요구하지 말라. 일어나는 일에 만족하라. 그러면 당신의 삶은 행복해진다.

오래전에 돌아가신 저의 소중한 대모님과 몇 년 동안 대모님의 어머니를 돌봐야 했던 사람의 이야기를 해보겠습니다. 그는 대모님의 어머님과 한 지붕 아래에서 살았지만, 의무적으로 돌봤을 뿐 진심으로 대모님의 어머니를 존중하지 않았습니다. "도대체 뭘 할 수 있다는 거야? 때려 부술 수도 없다고!"

무엇인가 바꿀 수 있다면 바꾸십시오. 이것이 스토아학파의 가르침입니다. 당장 하는 것이 가장 좋습니다. 하지만 바꿀 수 없다면 받아들이세요. 투덜거리지 말고 불평하지 말고 받아들이십시오! 인정은 삶의 일부입니다. 그렇지만 이런 말이 도움이 되지 않겠죠.

그렇다면 아래의 글을 읽어보세요.

사람들을 불안하게 하는 것은 사물 자체가 아니라 사물에 대한 개념이다. 예를 들어 죽음은 무서운 것이 아니다. 죽음이 무서운 것이었다면 소크라테스도 그렇게 여겼을 것이다. 우리가 끔찍하다고 내리는 판단, 그것이 무서운 것이다. 그러므로 곤경에 처하고 불안과 걱정에 휩싸일 때, 결코 다른 사람에게서 원인을 찾지 말고 자신과 자신의 관념에서 원인을 찾아야 한다.

그리고 뒤이어 아름다운 문장이 나옵니다.

무지한 사람은 자신의 고통에 대해 다른 사람을 비난하고 어설픈 철학자는 자신을 비난한다. 하지만 현자는 어떤 것도 비난하지 않는다.

자신이 영향을 미칠 수 있는 것에 집중하는 사람은 활동적인 삶을 살면서, 삶의 많은 일이 원하는 대로 되지 않는다는 좌절감을 피할 수 있습니다. 그렇게 그는 삶을 장악할 수 있죠. 왜냐하면 자신이 각각의 일에 얼마나 무게를 둘지 결정하기 때문입니다. 그는 적극적으로 행동하면서도 침착할 것입니다. 왜냐하면 자신의 한계를 알면서 자신을 과소평가

하지도 않기 때문입니다. 왜냐하면 그는 환상을 갖지 않으며 자신에게 줄 수 없거나 주어지지 않을 삶을 기대하지 않기 때문입니다. 왜냐하면 그는 다른 사람과 자신에게 관대하기 때문입니다. 왜냐하면 그는 이해를 중시하고 경멸하지 않기 때문입니다. 왜냐하면 그는 웃는 것보다 미소 짓기를 더 좋아하기 때문입니다.

이러한 관점에서 보면 유쾌한 사람이 되는 것은 기대·과잉·자기 과욕으로부터의 해방을 의미합니다. 어려움을 무시하는 것이 아니라 그것을 쉽게 바꾸는 것입니다. 그러니 다시 시도할 수 있죠.

유쾌한 사람이 되는 것은 자신을 매일 훈련시키고 세상에 직면하는 방식에 대해 지속해서 관심을 두고 인내하며 자기 자신을 교육하는 것을 의미합니다.

26

우리는 항상
웃을 필요가 없습니다

왜 저는 유쾌한 사람이 될 수 없나요?
왜 저의 하루는 평온하지 않나요?
왜 저는 즐겁게 서재로 가서 글을 쓸 수 없나요?
그가 대답했습니다. 원래 그래요.

어느 날 수십 년 동안 알고 지낸 심리치료사를 찾아간 기억이 났습니다. 저는 그에게 질문했죠. "유쾌함에 관한 글을 써야 하고 계단을 올라 사무실로 가는데, 스트레스 때문에 뭘 쓰려 했는지 기억이 나지 않았어요. 제가 열심히 노력했지만 결국 이 문제에 시간을 이렇게 많이 쓸 수밖에 없었을까요? 왜 저는 유쾌한 사람이 될 수 없나요? 왜 저의 하루는 평온하지 않나요? 왜 저는 즐겁게 서재로 가서 글을 쓸 수 없나요?" 그가 대답했습니다. "원래 그래요."

이상하게도 그의 대답에서 위안이 되는 깨달음을 얻었습니다. 사람은 결국 모든 걱정과 두려움과 역경에서 결코 자유로울 수 없습니다. 뱀이 오래된 허물을 벗거나 사슴이 지난해의 뿔을 떼어내듯이 자신의 인생 이야기에서 벗어날 수 없습니다. 여러분은 자신을 바꿀 수 있지만 완전히 바꿀 수는 없습니다. 받아들이고 인정해야 할 것들이 있죠. 우리는 다른 사람이 될 수 없습니다. 그런 식으로 유쾌한 사람이 될 수도 없죠. 그렇기에 위대하고 전능한 신이 요람에서부터 유쾌한 본성을 심어놓은 사람들을 늘 질투하며 인생을 보내는 것은 별 의미가 없습니다.

유쾌한 사람이 되고 싶다는 제 소망은 어쩌면 우리 사회 전체에 퍼져 있는 행복 중독과 같은지도 모르겠습니다. 언제나 새로운 광고, 다른 조언, 이전보다 더 그럴듯한 조언이 만들어내는 것들 말입니다. 앞서 언급했듯 여러분은 결코 이 행복을 얻을 수 없음을 알기에 더욱 불행해질 것입니다. 새로운 방법, 다른 도구, 다양한 강좌 등을 활용하여 또 다른 방법으로 시도하며 행복 팔이 시스템에 먹이를 주고 자금을 조달하겠죠. 유쾌함도 마찬가지입니다. 완벽히 유쾌한 존재가 되고자 하는 충족할 수 없는 욕망은 여러분을 유쾌하지 않게 만들 것입니다. 왜냐하면 완벽하게 불가능하다는 것을 알기 때문입니다.

물론 아주 조금 유쾌해질 수는 있죠. 마음에 드는 사실은 지금 저와 여러분이 찾는 것을 수많은 사람이 수백 수천 년 동안 찾으려 했다는 사실입니다. 우리는 같은 질문을 반복해서 다루는 최고의 사람들을 살펴봤습니다.

오랫동안 저는 제 삶에 존재했던 두려움이 원동력이고, 그것이 일종의 채찍 같은 역할을 하더라도 저를 앞으로 나아가게 하면서 안일함에서 벗어나게 해준다고 생각했습니다. 하지만 틀렸습니다.

저를 계속 앞으로 나아가게 한 것은 유쾌함에 대한 갈망이었습니다. 돈이 없어서 가족을 부양할 수 없을까 봐, 인정받지 못할까 봐, 사회에서 자리 잡지 못할까 봐 두려워 글을 쓰기도 합니다. 하지만 결정적인 이유는 아닙니다.

제 능력으로 할 수 있기 때문에 글을 씁니다. 그리고 저는 제한된 자원을 이용해 때로는 유쾌하지 않을 수 있는 제 삶에 유쾌함을 불어넣을 수 있다는 느낌으로 글을 씁니다. 왜냐하면 제가 책상에 앉아 글을 쓸 때나 일에 집중할 때, 모든 두려움은 사라지고 저의 능력과 세상에 몰입하기 때문입니다.

저에게 글쓰기란 뻣뻣하게 굳은 것을 다시 움직이게 하고, 무거운 것을 공중으로 들어 올려 떠 있게 하고, 설명할 수 없는 슬픔 속에서 재미있는 것을 찾아내고, 어두운 터널 끝에서 갑자기 빛으로 걸어 나오게 하는 것을 의미합니다. 저에게 글쓰기는 삶과 적당한 거리 두기를 의미합니다. 이는 명상, 산책, 독서, 음악, 예술, 철학, 자연, 스포츠와 같은 온갖 수단을 통해서도 찾을 수 있습니다. 저에게 글쓰기는 손으로 하는 연주를 뜻합니다. 저에게는 다른 것이 없습니다. 그러니 이렇게 사용해야죠.

늘 좋은 글이 나오는 것은 아닙니다. 그러나 언제나 잘되기를 바라는 갈망이 있고, 잘됐을 때의 경험과 느낌이 있습니다.

로베르트 렘커가 진행하는 쇼의 제목이 뭐라고요? 정답은 '저는 무엇을 하는 사람일까요?'입니다. 저는 원래 이런 사람이고 여러분도 모두 마찬가지입니다.

글 초반에 했던 질문으로 다시 돌아가 보겠습니다. 글쓰기뿐 아니라 실제 생활에서도 어떻게 하면 유쾌해질 수 있을까요? 몰리에르가 작품뿐 아니라 일상에서도 몰리에르가 될 수 있을까요? 저는 어떻게 학부모 모임에서 멍청이라는 평판을 남기지 않고 즐겁게 지낼 수 있을까요? 제가 유쾌한 사람이 되는 것을 돕는 삶의 거리는 어떻게 찾을 수 있을까요? 우리는 재충전할 때 새로운 책·영화·음악을 이용하지 않고 어떻게 스스로의 내면에서 가벼움을 끌어낼 수 있을까요?

제 대답은 이렇습니다. 우리는 항상 웃을 필요가 없습니다. 그건 아닙니다. 하지만 우리는 미소 지을 수도 있고, 매일매일 친절을 베풀 수도 있고, 다른 사람들의 말을 들어줄 수도 있죠. 왜냐하면 우리도 누군가가 내 말을 들어주기를 바라기 때문입니다. 우리는 먼저 원하는 모든 것을 다른 사람의 세계로 가져가 실행할 수 있습니다. 위안을 주고 비통함을 받아들이고 가능성을 살피고 여백을 봅니다. 우리는 테니스공을 가지고 노는 시냇물과 꿈틀거리는 지렁이를 바라보며 목적 없이 들판을 걸을 수 있습니다. 삶을 밝게 만들어주세요. 브란트너 카스파어의 삶에 대한 욕망과 그레이엄 채프먼의 아무것도 상관하지 않는 정신을 생각해 볼 필요가 있습니다.

죽음이 아닌 고난을 피하고자 배에서 뛰어내리는 모습을 상상해 보세요. 삶을 있는 그대로 보는 것입니다. 삶을 하나의 놀이로 보는 것이죠. 미하엘 엔데가 추천한 대로 삶의 여러 층에서 다양한 관점으로 현실을 바라보세요.

힘든 시간을 보내고 있나요? 물론 그렇겠죠. 항상 그래 왔고 변함없이 그럴 것입니다. 우리가 가능성을 잊으면 삶은 절대 쉽지 않습니다.

상페가 뭐라고 말했던가요? 그는 위대한 일을 해내는 사람에 대한 무한한 존경심이 항상 있다고 말했습니다. 그는 늘 뭔가를 발견합니다. 위대한 것을 발견할 수도 있고 어쩌면 자신 안의 위대함을 발견할 수도 있겠죠.

미소, 친절함, 감탄, 포용력, 차이, 거리, 진지하게 말하는 재미있는 방법, 비워내면서 숨쉬기, 울타리 틈새로 바라보기, 자신을 잊기, 민첩성을 키우기, 가벼움을 유지하기, 온화함, 선량함, 평온함… 이런 것들 말입니다.

그리고 여기 어떻게 유쾌한 사람이 되는지에 관한 또 다른 대답이 있습니다.

질문을 잊어버리세요! 아니, 그렇게 할 수 없거나 그렇게 하고 싶지 않다면 자신 외에 다른 사람이 여러분에게 답을 주리라 생각하지 마세요. 처방도 약도 동기부여도 기대하지 마세요. 다른 사람에게 기대하지 마세요. 삶을 직접 마주하세요. 그것이 여러분에게 어떤 영향을 미쳤는지, 계속해서 무엇을 하고 있는지, 당신이 그것으로 무엇을 하고 싶은지 계속 바라보십시오.

여러분을 즐겁게 하는 것이 무엇인가요? 무엇이 여러분을 유쾌하게 만드나요?

언제나 그것을 따르세요.

27

당신의 삶은 유쾌함과
어떻게 연결되었나요

이 책은 제가 기억해야만 하는 시절과
삶에 대해 생각한 것들,
그리고 유쾌함과 제 삶이 어떻게 연결되는지 고심한 시간을
기억나게 해줄 것입니다.

이제 책이 끝났습니다.

저녁에 4층 사무실에서 계단을 내려갑니다. 책이 좋은지 나쁜지 그저 그런지 잘 모르겠습니다.

하지만 그거 아세요? 저는 이 책을 좋아하기로 했습니다. 이 책은 제가 기억해야만 하는 시절과 삶에 대해 생각한 것들, 그리고 유쾌함과 제 삶이 어떻게 연결되는지 고심한 시간을 기억나게 해줄 것입니다.

자, 저는 이제 산책하러 나갑니다. 저의 장군 앙스트부름과 다른 고인들을 만나러 공원묘지에 가서, 다람쥐와 지렁이와 나비와 화려한 꽃을 만날 것입니다.

마치며

마지막으로 저의 친구 루트거 슐체Ludger Schulze를 기억하고자 합니다. 그는 이미 영원한 유쾌함의 세계에 있습니다. 이 책은 그에게 정말 많은 빚을 졌습니다. 출판되기 전 그가 읽지 않은 제 책은 몇 년 만입니다. 저는 그가 너무나 보고 싶습니다. 내 오랜 친구여! 친구를 그리워하는 제 마음을 신과 모든 이가 잘 알겠죠. 그리고 카린은 세 명이 아니었습니다. 생각해 보니 총 네 명이네요. 하지만 더는 그들의 이름이 중요하지 않습니다.

저의 유쾌한 친구 안드레아스 레베르트Andreas Lebert가 이 책에 대한 아이디어를 주었습니다. 중요한 제안과 생각을 전해주고 제가 올바른 길을 가고 있다고 느끼게 해준 슈테판 포스트피실Stefan Postpischil에게도 감사의 말을 전하고 싶습니다. 그리고 제 아내 우르줄라 마우더Ursula Mauder에게도 감사합니다. 그런데 이 모든 것을 어떻게 전해야 할까요?

이 책은 편집장 자비네 크라머Sabine Cramer, 에이전트 마르첼 하르트게스Marcel Hartges와 함께한 첫 번째 책입니다. 더 많은 책이 이어질 것입니다. 진심으로 기쁩니다. 정말 멋진 시간이었습니다. 감사하고 또 감사합니다.

그림 목록

이 책에 수록한 그림은 모두 프랑스 화가 라울 뒤피 Raoul Dufy의 작품입니다.

- 8쪽 〈에밀리엔 뒤피의 초상 Portrait of Emilienne Dufy〉, 캔버스에 유채, 99×80cm, 1930.
- 24쪽 〈시골의 음악 습작 Etude pour Musique à la campagne〉, 판지에 유채, 17×39cm, 1948.
- 42쪽 〈전기의 요정 La Fée Electricité〉 부분, 구아슈로 채색한 석판화, 105×65.3cm, 1952∼1953.
- 54쪽 〈생명 보험을 위한 공부 Etude pour L'Assurance-vie〉, 종이에 연필과 구아슈, 56.6×17.5cm, 1936∼1937.
- 64쪽 〈서커스 말 위의 곡예 Acrobates sur un cheval de cirque〉, 캔버스에 유채, 65.5×81cm, 1934.
- 74쪽 〈마담 뒤피 Madame Dufy〉, 종이에 초크, 55.5×44.9cm, 1953.
- 84쪽 〈숲속의 말을 탄 사람들(케슬러 일가) Les Cavaliers sous-bois(La Famille Kessler)〉, 캔버스에 유채, 213×260cm, 1931∼1932.
- 96쪽 〈식전주 L'apéritif〉, 캔버스에 유채, 59×72.5cm, 1908.
- 104쪽 〈남자의 초상 Portrait d'homme〉, 종이에 유채와 구아슈, 65.6×49.9cm,

- 1930~1935.
- 114쪽 〈앉아 있는 누드Nu assis〉, 종이에 구아슈, 31×18.3cm, 1937.
- 122쪽 〈새우 낚시La pêche à la crevette〉, 캔버스에 유채, 45.8×55cm, 1930~1933.
- 140쪽 〈랑그르의 귀리밭 수확Moisson du champ d'avoine à Langres〉, 캔버스에 유채, 47×56.3cm, 1935.
- 152쪽 〈생트아드레스의 목욕하는 작은 사람Petite baigneuse à Sainte-Adresse〉, 캔버스에 유채, 46×38.2cm, 1935.
- 160쪽 〈물가에서 낮잠La sieste au bord de l'eau〉, 캔버스에 유채, 46×55cm, 1929.
- 170쪽 〈무도회Le Bal〉, 캔버스에 유채, 55×65cm, 1920.
- 180쪽 〈페르피냥 아라고 광장의 축제Carnaval sur la place Arago à Perpignan〉, 종이에 수채, 49×64.5cm, 1949.
- 192쪽 〈레가타의 귀환Le retour des régates〉, 캔버스에 유채, 46.7×110cm, 1933.
- 208쪽 〈정물Still life〉, 종이에 수채, 53×67cm, 1928.
- 220쪽 〈오케스트라L'orchestre〉, 합판에 유채, 18×51cm, 1948.
- 228쪽 〈자화상Self-portrait〉, 캔버스에 유채, 27×22cm, 1948.
- 236쪽 〈전기의 요정La Fée Electricité〉 부분, 구아슈로 채색한 석판화, 102.5×64.5cm, 1952~1953.
- 248쪽 〈발전소와 올림푸스Centrale électrique et Olympe〉, 종이에 구아슈, 51×64.5cm, 1936.
- 256쪽 〈페르피냥의 예술가 아틀리에L'Atelier de l'artiste à Perpignan〉, 캔버스에 유채, 46×55cm, 1949.
- 268쪽 〈분홍색 옷을 입은 여인La Dame en rose〉, 캔버스에 유채, 81×65cm, 1908.
- 278쪽 〈학자들 습작Etude d'ensemble pour Les Savants〉, 종이에 수채 연필과 구아슈, 50×102cm, 1938.
- 288쪽 〈목욕하는 사람들Bathers〉, 1908.
- 296쪽 〈마담 뒤피의 초상Portrait de Madame Dufy〉, 종이에 수묵과 구아슈, 66×51cm, 1919.

참고 문헌

참고 문헌 중 일부는 본문에 인용되었습니다. 이 외에 제가 참고했거나 독자에게
도움이 될 만한 작품을 포함했습니다.

Bachmaier, Helmut, *Texte zur Theorie der Komik*, Reclam, 2005.

Bakewell, Sarah, *Wie soll ich leben?*, C. H. Beck, 2012(사라 베이크웰, 김유신
옮김, 『어떻게 살 것인가』, 책읽는수요일, 2012).

Bremmer, Jan und Roodenburg, Herman (Hrsg.), *Kulturgeschichte des
Humors*, Primus, 1999.

Ende, Michael, *Michael Endes Zettelkasten. Skizzen&Notizen*, Weitbrecht,
1994.

Geier, Manfred, *Worüber kluge Menschen lachen*, Rowohlt, 2006.

Genazino, Wilhelm, *Der gedehnte Blick*, dtv, 2007.

Greve, Swantje, *Werner Finck und die »Katakombe«*, Hentrich und Hentrich,
2015.

Kiedaisch, Petra, *Ist die Kunst noch heiter?*, Niemeyer, 1996.

Kiedaisch, Petra und Bär, Jochen A. (beide Hrsg.), *Heiterkeit, Konzepte in
Literatur und Geistesgeschichte*, Wilhelm Fink, 1997.

Lebert, Andreas und Stephan, *Der Ernst des Lebens*, S. Fischer, 2009.

Le Goff, Jacques, *Das Lachen im Mittelalter*, Klett-Cotta, 2004.

Pfaller, Robert, *Kurze Sätze über gutes Leben*, Fischer, 2015.

Pfaller, Robert, *Wofür es sich zu leben lohnt*, Fischer, 2012(로베르트 팔러, 나유신
옮김, 『나쁜 삶의 기술』, 사월의책, 2024).

Plutarch, *Die Kunst zu leben*, Insel, 2000.

Preisendanz, Wolfgang, *Über den Witz*, Universitätsverlag Konstanz, 1970.

Preisendanz, Wolfgang, *Humor als dichterische Einbildungskraft*, Eidos, 1963.

Preisendanz, Wolfgang (mit Rainer Warning als Herausgeber), *Das Komische*,
Wilhelm Fink, 1976.

Radkau, Joachim, *Geschichte der Zukunft. Prognosen, Visionen, Irrungen in
Deutschland von 1945 bis heute*, Hanser, 2017.

Reybrouck, David Van, *Oden*, Insel, 2019.

Röhrich, Lutz, *Der Witz*, dtv, 1980.

Schmid, Wilhelm, *Gelassenheit*, Insel, 2014(빌헬름 슈미트, 장영태 옮김,
『나이든다는 것과 늙어간다는 것』, 책세상, 2014).

Schöttker, Detlev (Hrsg.), *Philosophie der Freude*, Reclam Leipzig, 2003.

Sempé, Jean-Jacques, *Kindheiten*, Diogenes, 2012(장자크 상페, 양영란 옮김,
『상페의 어린 시절』, 미메시스, 2014).

Sempé, Jean-Jacques, *Endlich Ferien*, Diogenes, 2022(장자크 상페, 양영란 옮김,
『여름의 빛』, 열린책들, 2024).

Seneca, *De brevitate vitae – Die Kürze des Lebens*, dtv, 1976(루키우스 안나이우스
세네카, 김천운 옮김, 『세네카 삶의 지혜를 위한 편지』, 동서문화사, 2016).

Seneca, *Von der Seelenruhe / Vom glücklichen Leben*, Anaconda, 2010(루키우스
안나이우스 세네카, 천병희 옮김, 『세네카의 행복론』, 도서출판 숲, 2024).

Weinrich, Harald, *Kleine Literaturgeschichte der Heiterkeit*, C. H. Beck, 2001.

Weinrich, Harald, *Literatur für Leser*, dtv, 1986.

옮긴이 양혜영

한국외국어대학교 프랑스어과를 졸업하고 미국, 독일 등 여러 국가에서 일했다. 이후 무역회사 대표, 모델 에이전시 이사, KBS 다큐 해외 제작 팀장 등 다양한 경력을 쌓았다. 현재 방송 제작사 작가 및 콘텐츠 크리에이터로 일하며 바른번역 소속 번역가로 활동 중이다. 옮긴 책으로 『윈터 씨의 해빙기』 등이 있다.

삶은 당신의 표정을 닮아간다

초판 1쇄 인쇄 2025년 1월 8일
초판 1쇄 발행 2025년 2월 10일

지은이 악셀 하케
옮긴이 양혜영
펴낸이 김선식

부사장 김은영
콘텐츠사업본부장 임보윤
책임편집 전두현　　**책임마케터** 양지환
콘텐츠사업8팀장 전두현　　**콘텐츠사업8팀** 김민경, 장종철, 임지원
마케팅2팀 이고은, 배한진, 양지환, 지석배
미디어홍보본부장 정명찬　　**브랜드관리팀** 오수미, 김은지, 이소영, 박장미, 박주현, 서가을
뉴미디어팀 김민정, 고나연, 홍수경, 변승주
지식교양팀 이수인, 염아라, 석찬미, 김혜원, 이지연
편집관리팀 조세현, 김호주, 백설희　　**저작권팀** 성민경, 이슬, 윤제희
재무관리팀 하미선, 임혜정, 이슬기, 김주영, 오지수
인사총무팀 강미숙, 이정환, 김혜진, 황종원
제작관리팀 이소현, 김소영, 김진경, 최완규, 이지우
물류관리팀 김형기, 김선민, 주정훈, 김선진, 전태연, 양문현, 이민운
외부스태프 디자인 studio forb

펴낸곳 다산북스　　**출판등록** 2005년 12월 23일 제313-2005-00277호
주소 경기도 파주시 회동길 490　　**전화** 02-704-1724　　**팩스** 02-703-2219
이메일 dasanbooks@dasanbooks.com　　**홈페이지** dasan.group　　**블로그** blog.naver.com/dasan_books
종이 스마일몬스터피앤엠　　**인쇄** 민언프린텍　　**코팅·후가공** 제이오엘앤피　　**제본** 다온바인텍

ISBN 979-11-306-6197-1 (03100)

다산북스(DASANBOOKS)는 독자 여러분의 책에 관한 아이디어와 원고 투고를 기쁜 마음으로 기다리고 있습니다.
책 출간을 원하는 아이디어가 있으신 분은 다산북스 홈페이지 '원고투고'란으로 간단한 개요와 취지, 연락처 등을 보내주세요.
머뭇거리지 말고 문을 두드리세요.